주기율표 아이러니

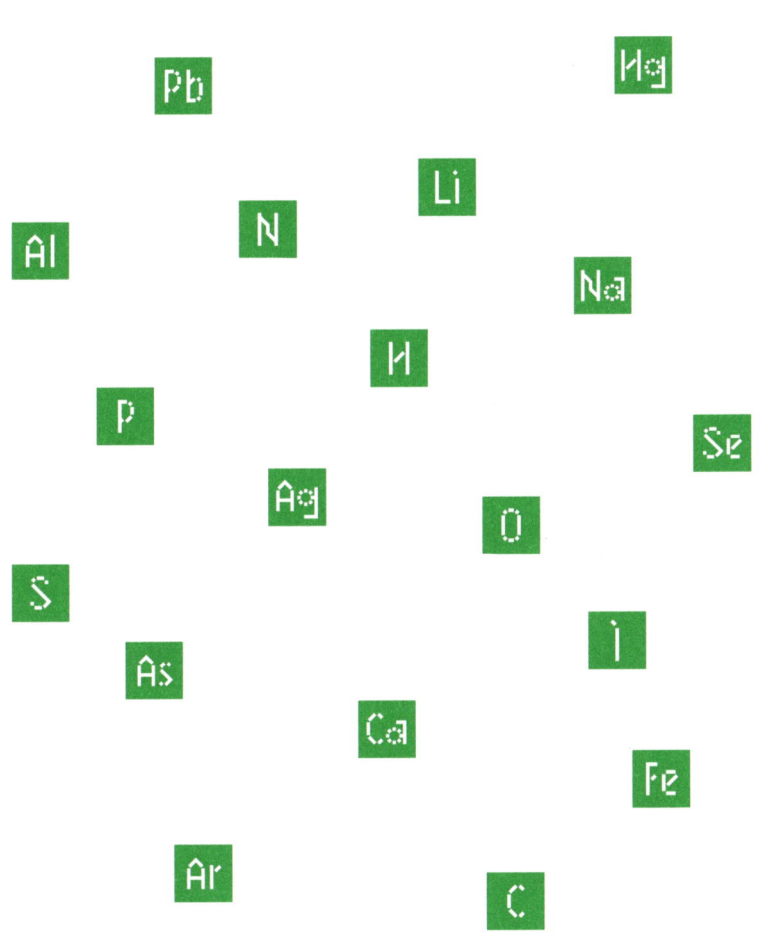

주기율표 아이러니

김명희 지음

18개 원소로 써 내려간 차별과 연대의 화학식

낯선산

Periodic Table of the Elements

1 191쪽 **H** 수소																	
3 161쪽 **Li** 리튬	4 Be 베릴륨																
11 73쪽 **Na** 나트륨	12 Mg 마그네슘																
19 K 칼륨	20 251쪽 **Ca** 칼슘	21 Sc 스칸듐	22 Ti 타이타늄	23 V 바나듐	24 Cr 크로뮴	25 Mn 망가니즈	26 235쪽 **Fe** 철	27 Co 코발트									
37 Rb 루비듐	38 Sr 스트론튬	39 Y 이트륨	40 Zr 지르코늄	41 Nb 나이오븀	42 Mo 몰리브데넘	43 Tc 테크네튬	44 Ru 루테늄	45 Rh 로듐									
55 Cs 세슘	56 Ba 바륨	*	72 Hf 하프늄	73 Ta 탄탈럼	74 W 텅스텐	75 Re 레늄	76 Os 오스뮴	77 Ir 이리듐									
87 Fr 프랑슘	88 Ra 라듐	**	104 Rf 러더포듐	105 Db 더브늄	106 Sg 시보귬	107 Bh 보륨	108 Hs 하슘	109 Mt 마이트너륨									

*	57 La 란타넘	58 Ce 세륨	59 Pr 프라세오디뮴	60 Nd 네오디뮴	61 Pm 프로메튬	62 Sm 사마륨
**	89 Ac 악티늄	90 Th 토륨	91 Pa 프로트악티늄	92 U 우라늄	93 Np 넵투늄	94 Pu 플루토늄

아래 주기율표의 118개 원소 가운데 초록색 박스로 표시된 18개 원소는
이 책의 주인공들로, 박스 오른쪽 상단에 해당 쪽수를 밝혀두었다.

																	2 He 헬륨
												5 B 붕소	6 131쪽 C 탄소	7 267쪽 N 질소	8 27쪽 O 산소	9 F 플루오린	10 Ne 네온
												13 177쪽 Al 알루미늄	14 Si 규소	15 219쪽 P 인	16 57쪽 S 황	17 Cl 염소	18 103쪽 Ar 아르곤
										28 Ni 니켈	29 Cu 구리	30 Zn 아연	31 Ga 갈륨	32 Ge 저마늄	33 205쪽 As 비소	34 147쪽 Se 셀레늄	35 Br 브로민	36 Kr 크립톤
										46 Pd 팔라듐	47 115쪽 Ag 은	48 Cd 카드뮴	49 In 인듐	50 Sn 주석	51 Sb 안티모니	52 Te 텔루륨	53 13쪽 I 아이오딘	54 Xe 제논
										78 Pt 백금	79 Au 금	80 43쪽 Hg 수은	81 Tl 탈륨	82 87쪽 Pb 납	83 Bi 비스무트	84 Po 폴로늄	85 At 아스타틴	86 Rn 라돈
										110 Ds 다름슈타튬	111 Rg 뢴트게늄	112 Cn 코페르니슘	113 Nh 니호늄	114 Fl 플레로븀	115 Mc 모스코븀	116 Lv 리버모륨	117 Ts 테네신	118 Og 오가네손

63 Eu 유로퓸	64 Gd 가돌리늄	65 Tb 터븀	66 Dy 디스프로슘	67 Ho 홀뮴	68 Er 어븀	69 Tm 툴륨	70 Yb 이터븀	71 Lu 루테튬
95 Am 아메리슘	96 Cm 퀴륨	97 Bk 버클륨	98 Cf 캘리포늄	99 Es 아인슈타이늄	100 Fm 페르뮴	101 Md 멘델레븀	102 No 노벨륨	103 Lr 로렌슘

차례

프롤로그 원소를 통해 바라본 세상   9

아이오딘   주홍빛 방역의 추억   13

산소   '불멍'에서 에크모까지, 그곳에 산소가 있다   27

수은   온도계를 만들던 15살 소년의 죽음   43

황   아니오, 저는 지옥 가겠습니다   57

나트륨   소금을 둘러싼 아이러니   73

납   지능을 망치러 온 지성의 구원자   87

아르곤   고독하지만 외롭지는 않게   103

은   '은이 솟구치는 산'에서 사회의학의 탄생까지   115

탄소   시력을 앗아간 진짜 범인   131

셀레늄	로봇공학 3원칙과 인간됨	147
리튬	친환경 영웅의 감추고 싶은 탄생기	161
알루미늄	살아남은 사람들도 아프다	177
수소	산 테러를 저지르는 못난 마음	191
비소	마담 보바리의 결심	205
인	원소계의 '샛별'은 어쩌다 살상 무기가 되었나	219
철	흡혈, 매혈, 헌혈 사이 철과 피의 연대기	235
칼슘	뼛속에 새겨진 삶과 역사	251
질소	절멸 캠프에서 본 인간의 얼굴	267

주   282

일러두기

- 이 책에 실린 글 대부분은 2023년 9월부터 2025년 2월까지 〈시사IN〉에 연재한 것들로, 책을 엮는 과정에서 내용을 보태고 다듬었으며, '나트륨' 편은 새로 썼다.
- 본문에서 단행본은 《 》, 그 외 저널, 신문, 논문, 보고서, 기사 등은 〈 〉로 표시했다.
- 주에서 국내서는 본문의 약물을 따랐으며, 국외서는 단행본 등 책으로 된 것은 이탤릭체로, 논문, 보고서는 " "로, 기사, 뉴스, 웹 자료는 〈 〉로 표시했다.
- 본문의 그림이나 표는 기존 자료를 재가공해 수록했다.

프롤로그

원소를 통해 바라본 세상

홀로코스트 생존 유대인, 화학자, 작가. 프리모 레비의 정체성은 여럿이다. 오래전, 어떻게 알게 되었는지 기억나지 않지만 그의 책《주기율표》(돌베개, 2007)를 읽게 되었다. 그의 생애에 대해서 거의 아무것도 알지 못했던 때였다. 실망이었다. 세상에 뭐 이렇게 밍밍한 글이 다 있지? 대체 이야기들이 어떻게 연결되는 거지? 고개를 갸우뚱했다. 그리고 많은 시간이 흘렀다. 그동안 《이것이 인간인가》《휴전》《지금이 아니면 언제?》《고통에 반대하며》《가라앉은 자와 구조된 자》같은 작품들을 읽었고, 그가 살아온 역사, 그의 삶에 대해 조금 더 알게 되었다. 그렇게 한참이 지난 어느 날 책꽂이에서 홀연히《주기율표》를 다시 꺼내 들어 읽어나가기 시작했다. 그러고는 아무도 시키지 않은 반성문을 썼다. 이토록 꾹꾹 눌러쓴 '생(生)의 이야기'를 내가 미처 몰라봤구나. 절제되고 담백한 문장들 사이사이에 자리한 심연을 알아챌 수 있는 안목이 그때의 나에게 없었구나.

반성과 함께 질문도 떠올랐다. 세상의 모든 존재는 원소에서 시작되고 그렇다면 내가 마주했던 (때로는 유쾌하고, 때로는 분노를 자아내던) 한국 사회의 여러 장면들은 어떤 원소들과 인연을 맺고 있을까? 내가 의미를 부여하는 원소들은 프리모 레비가 선택한 21개의 인생 원소와 얼마나 다르고 같을까? 하지만 그다지 진지한 질문은 아니었다. 내가 뭐라고 감히 프리모 레비와 엮어보려 든단 말인가.

그러나 인생은 알 수 없는 법이다. 〈시사IN〉에서 연재 요청을 받고 고심하던 중 기억 저편에 묻어두었던 주기율표 아이디어가 문득 떠올랐다. 인간은 구석에 몰려 독촉을 받다보면 어떻게든 되겠지, 라는 생각으로 평소와 달리 대담한 짓을 벌이기도 한다. 프리모 레비가 경험한 것만큼 역사의 격랑에 휩쓸리지 않았고, 그토록 심원한 존재론적·윤리적 고민에 직면한 적도 없었지만 나에게도 '이야깃거리'는 있었다. 그 이야기는 나 개인의 것이 아니라 이과생 보건학 연구자이자 화(火)가 많은 시민으로서 내가 연구하고 목격하고 연대했던 세상과 사람들에 관한 것이었다.

과학소설 작가 켄 리우는 "인간이라는 종은 기본적으로 이야기를 통해 세계를 이해하도록 진화했다"고 말한다. 그래, 씨줄 날줄을 엮어 이야기 그물을 만들어보자. 빅뱅으로부터 탄생한, 감정도 의지도 없는 지극히 미미한 원소들로부터 만물의 존재가 시작되고, 그들의 복잡한 상호작용 속에서 새로운 질서가 생겨나고, 그로부터 인간 때로는 모든 생명체에 생명과 죽음을 가져오는 대서사시를, 내가 풀어낼 수 있을 만큼의 작은 이야기로 만들어보자. 그리고 이야기가 사람들에게로 흐르게 하자. 전혀 관련이 없어 보이는 존재와 사건들 사이를 원소가 어떻게 연결하는지 조명해 사람들이 세상을 조금 더 자세히, 그전에는 눈길 주지 않았던 곳을 들여다보게 만들어보자. 막상 연재를 결심하고 나니 웅장한 꿈이 한여름 적란운처럼 뭉게뭉게 피어올랐다. 물론 마감의 불벼락 속에서 그 적란운은 순식간에 몇 방울 빗물이 되어 사라져버렸지만 말이다. 그럼에도 연재를 계속할 수 있었던 것은 오랫동안 흠모해온 작가 프리모 레비 님의 명성에 누를 끼치면 안 된다는 책임감 때문이었다. 아무도 나에게 부여하지 않은.

천체물리학자 칼 세이건은 《코스모스》에서 말했다. "우주가 우리 안에 있다. 우리 모두는 별의 재료들로 만들어졌다(The cosmos is within us. We are made of star-stuff)." 그렇다. 80억 명이 넘는 인간들이 각기 다른 환경에서 다른 모습으로 살아가고, 인간과 동식물이 저마다 다른 특징을 지니고, 생물과 무생물이 전혀 다른 형태로 존재하고, 지구 너머에는 우리가 아직 알지 못하는 광대한 우주가 펼쳐져 있다. 그러나 놀랍게도 이 모두가 겨우 118개의 원소들, 우주가 탄생하면서 세상에 뿌려진 별의 재료들로 만들어졌다.

북아메리카 선주민 라코타(Lakota) 부족은 '미타쿠예 오야신(Mitákuye Oyás'iŋ)'이라는 세계관을 가졌다고 알려져 있다. 우리 모두는 연결되어 있다, 모든 것은 서로 관련되어 있다는 뜻이다. 원소들을 통해서 세계를 바라보면, 이 말이 그저 비유나 잠언이 아님을 알게 된다. 이 책에서는 원소라는 연결 고리를 통해 우리의 건강과 안녕이 어떻게 세상이라는 그물에 얽혀 있는지, 우리가 어떻게 서로 다른 존재들과 연결되는지 이야기 해보려 한다. 보잘것없는 아주 작은 이야기 조각들을 광대한 우주로 날려 보낸다.

아이오딘

주홍빛 방역의 추억

휴대전화가 아직 귀했던 세기말의 여름. 힘들게 휴가 일정을 맞춰 후배들과 지리산 종주길에 올랐다. 커다란 배낭을 짊어지고 곡소리를 내가면서 엉금엉금 오르내리기를 3일. 마침내 천왕봉 정상에 도달한 순간, 후배 하나가 가방에서 벽돌 크기의 휴대전화를 꺼냈다. 엄마한테 빌려온 것이라고 했다. 텔레비전 광고에서 본 것처럼, 과연 지리산 정상에서도 신호가 잡혔다. 우리는 신문물에 감탄했다. 그리고 주변 등산객들의 부러운 시선을 즐기며 자랑질 전화를 이어갔다. "엄마, 잘 들려? 나 여기 지리산 꼭대기야."

하지만 각자 한 바퀴를 돌고 나니 더 이상 전화를 걸 곳이 없었다. 본격 자랑을 늘어놓아야 하는 건 친구들인데, 당시 휴대전화를 가진 사람은 많지 않았고, 그 시각 친구들은 모두 직장에서 일을 하고 있었다. 집 전화번호면 모를까, 친구 회사 번호까지 외우고 다니는 사람은 없었다. 하지만 나는 지리산을 종주한 내가 대견해서 미칠 지경이었다. 그래서 차마 하지 말아야 할 짓을 하고 말았다. 나의 일터, 즉 전공의로 일하고 있던 예방의학교실에 전화를 건 것이다.

휴가 자랑하려고 회사에 전화 건 1년 차 직장인, 그게 나였다. 어쩐 일인지 동료 연구원 '미운콩'이 마치 기다렸다는 듯 전화를 받았다. "아니, 왜 그렇게 삐삐를 안 받아?" "나 지리산 정상인데?" "지금 A군에 세균성 이질 크게 터졌대. 교수님이 역학조사하러 먼저 출발한다고, 쌤 빨리 찾아서 A군으로 내려오래." "……지금?" 나는 순식간에 지리산 정상에서 가장 슬픈 사람이 되었다.

우여곡절 끝에 A군 보건소에 도착했다. 예전에 보았던 영화 〈아웃브레이크〉를 떠올리며 잔뜩 긴장한 채 대책 본부 사무실로 올라갔다. 현장은 내가 생각했던 모습과 많이 달랐다. 영화에서 미국 국방성과 질병통제예방센터(CDC) 소속 주인공들은 우주복같이 생긴 방호복을 입고 치명적 병원체의 경로를 추적했다. 하지만 햇볕이 잘 드는 보건소 2층에 마련된 대책 본부에 들어서니, 퇴임이 얼마 남지 않은 보건소장님이 파리채를 들고 이리저리 돌아다니며 '병원균을 옮기는 매개체' 파리를 열심히 잡고 계셨다. 입력을 기다리며 수북이 쌓여 있는 역학조사서와 어지러운 전화선, 분주하게 '사무'를 처리하는 보건소 직원들의 모습에서 영화 속 긴박함 같은 건 찾아볼 수 없었다.

사실 세균성 이질(shigellosis) 같은 수인성 감염병은 코로나19 같은 호흡기 감염병보다 예방과 관리가 쉬운 편이다. 대개 감염자의 오염된 분변을 통해 손-구강 경로로 전파되기에, 손을 잘 씻고 물은 끓여서 마시고 음식을 잘 익혀 먹기만 한다면

치명적 바이러스를 추적하는 과정을 담은 영화 〈아웃브레이크〉의 한 장면.

충분히 예방할 수 있다. 세균이기 때문에 항생제 치료도 수월하다. 그런데도 지역사회에 상당히 많은 의심 환자들이 발생하고 있었다. 처음에 어떻게 유행이 시작되었는지는 불분명했지만, 이미 특정한 오염원 때문이라기보다 개인 간 전파에 의한 지역사회 만연 단계를 의심케 하는 상황이었다.

포비돈 아이오딘에 손을 담그며

그런 면에서 보건소는 그 지역에서 가장 위험한 공간이라 할 수 있었다. 의심 증상이나 감염원 접촉력이 있는 주민들은 모두 보건소에 와서 검사를 받았기 때문이다. 이 검사는 코로나19처럼 콧구멍을 찌르는 것이 아니라 분변을 소량 채취하거나 면봉으로 직장 스왑(rectal swab)을 한다. 제대로 처치가 이루어지지 않는다면 세균이 묻은 손을 통해 변기나 화장실 문고리, 수도 밸브, 다른 손잡이 등도 오염될 수 있었다. 손 위생이 무엇보다 중요했다. 하지만 요즈음 약국에서 쉽게 살 수 있는 알코올 성분의 펌프식 손 소독 제품은 당시에 구경하기 어려웠다. 그렇다고 병원의 수술 준비실처럼 비누와 소독액이 분사되는 장치가 있는 것도 아니었다.

누군가 놀라운 행동력을 발휘했다. 보건소 화장실 세면대에 베타딘이 가득 담긴 세숫대야를 놓아둔 것이다. 베타딘이 무엇이냐. 온 국민이 알고 있는 바로 그 소독약, '빨간약'이다. 베타딘 혹은 포비돈이라는 상품명으로 유명한 이 의약품의 성분명은 포비돈 아이오딘(povidone iodine)으로, 살균 작용을 하는 아이오딘과 운반 역할을 하는 포비돈 중합체가 결합한 화학물이다. 용액 상태에서 서서히 분리된 아이오딘이 세포질과 세포막 구성 물질을 산화시키고 지질을 아이오딘화함으로써 세포를 사멸시킨다고 알려져 있다.

포비돈 아이오딘은 1950년대에 제품으로 개발되어 수술 전후 피부 소독이나 의료진의 손 세척은 물론, 의료 기관뿐 아니라 가정에서 크고 작은 상처를 소독하는 데 광범위하게 쓰여왔다. 바이러스와 세균, 원충류, 심지어 항생제 내성균에도 좋은 살균 효과를 보인다. 세계보건기구(WHO) 필수 의약품 목록에도 등재되어 있다. 포비돈 아이오딘으로 소독한 후에는 물로 헹구거나 천으로 닦아내선 안 되고 자연 건조시켜야 한다. 그래서 소독 부위 피부에 독특한 주홍빛 흔적이 남는다. '빨간약'의 독특한 색깔은 아이오딘 그 자체에서 비롯된 것이다.

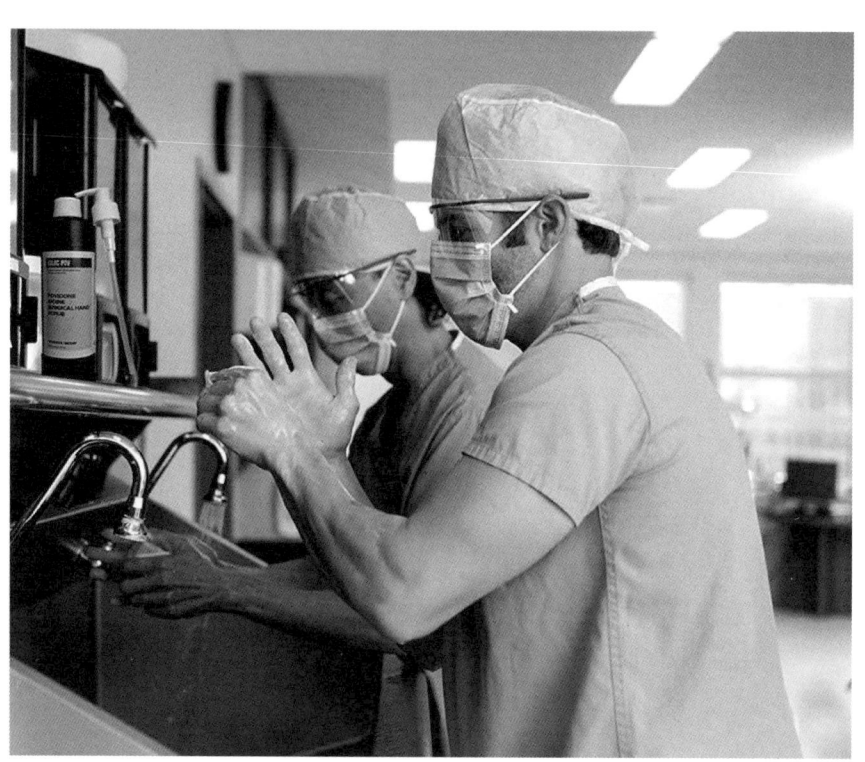

수술 전 아이오딘으로 손을 세척하는 의료인.

주기율표상 원소기호 53번 아이오딘(요오드, I)은 1811년에 처음 발견되었다. 태웠을 때 특징적인 자주색 연기가 발생하기에 '자주색'을 뜻하는 그리스어(μoβ, iodes)에서 그 이름을 가져왔다고 한다.

아이오딘에 살균 효과만 있는 것이 아니다. 아이오딘은 여러 화학물질 제조에 촉매 역할을 하며, 의학적 진단과 치료 과정에서도 중요한 역할을 한다. 대표적으로, 진단을 위해 엑스선이나 컴퓨터단층촬영(CT, computerized tomography)을 할 때 내부 장기가 잘 보이도록 사용하는 조영제의 주성분이 바로 아이오딘이다. 엑스선을 잘 흡수하는 성질을 가진 덕이다. 또한 아이오딘 동위원소가 붕괴되면서 감마선을 방출하는 성격을 이용하여 암 발생 부위나 전이를 진단하는 데, 때로는 암을 치료하는 데 활용하기도 한다. 하지만 이러한 '방사능'은 발암 요인이 될 수도 있다. 후쿠시마 핵발전소 사고처럼 방사능 누출 사고에서 문제가 되는 원소 중 하나가 바로 아이오딘 동위원소인 I-131이다. 이는 갑상샘에 축적되어 오랫동안 작용하며 인체에 암을 일으킬 수 있다. 그래서 방사능 누출 사고가 일어나면 예방적으로 아이오딘의 다른 동위원소 I-127을 복용하는데, 이는 갑상샘을 미리 포화시켜 I-131을 흡수하지 못하게 하기 위해서이다. 이런 중요성 때문에 I-127 제제(요오드화 칼륨, potassium iodide)는 세계보건기구 필수 의약품 목록에 포함되어 있다. 그러나 뭐니 뭐니 해도 아이오딘의 진가는 갑상샘호르몬의 주재료라는 데 있다. 갑상샘호르몬은 우리 몸의 대사를 조절하고 성장과 발달에 핵심 역할을 하며, 부족 시 인지기능 장애 등 다양한 건강 문제를 일으킨다. 특히 임산부와 어린이에게 중요하다. 그래서 아이오딘은 미량 필수영양소로 분류되며 일일 섭취 권장량이 존재한다. 일부 국가에서는 소금이나 식수에 아이오딘을 첨가하여 결핍을 예방하기도 한다. 그러나 한국 사람들은 아이오딘이 풍부한 다시마, 미역, 파래, 김 따위의 해조류를 많이 먹기 때문에 권장 섭취량을 훌쩍 넘기는 것이 일반적이다. 실제로 아이오딘 원소를 처음 발견한 것도 해조류를 다루는 과정에서였다. 프랑스의 나폴레옹 전쟁 시절, 화약 재료에 사용할 물질을 추출하기 위해 미역을 태우다가 자주색 연기를 확인하면서 미지의 원소를 찾아 나서게 된 것이다.

　어쨌든 그해 여름 보건소, 나는 화장실에 다녀올 때마다 자주색 베타딘 세숫대야에 손을 담그면서, '그래 누군가 여기에 이질균을 듬뿍 쏟아내고 갔다 하더라도 그놈들이 버티긴 어려울 거야'라며 스스로를 안심시켰다. 손 전체에 봉숭아 물을 들이기라도 한 것처럼 주홍빛 손으로 주민을 만나 역학조사서를 작성하고, 주홍빛 손으로 컴퓨터 키보드를 두드리며 자료 분석을 했다. 주홍빛 손으로 보건소 전화선을 인터넷에 연결하여 심지어 '넷스케이프' 웹브라우저로 미국 CDC 사이트에 있는 자료를 다운로드받는 '신세대'의 모습을 보여주기도 했다. 길어야 사나흘이면 집에 돌아갈 수 있을 줄 알았지만, 점진적 전파에 의해 일어나는 유행은 좀처럼 잡히지 않았다. 와이셔츠에 항상 베타딘 '국물'을 흘려서 보건소 직원들의 안타까움을 자아내던 중앙역학조사반장, 나의 지도교수가 다른 일 때문에 서울로 돌아간 다음에도 나는 한참을 더 그곳에 머물러야 했다. 가져온

옷은 겨우 두세 벌. 역학조사반의 숙소 '만년장모텔'에서 주홍빛 손으로 열심히 손빨래까지 해가면서 말이다.

예방의학 전공의를 막 시작했을 때만 해도 나는 감염병이 '지나간 시대의 문제'라거나 저개발국가에서나 중요한 이슈라는, 지금 돌이켜보면 아주 경솔한 생각을 하고 있었다. 그런데 볼거리·홍역·풍진·세균성 이질·말라리아 같은 감염병 유행이 잇따르고, 그게 차곡차곡 내 일거리로 쌓여가면서 이게 다 뭔 일인가 싶었다.

'잔칫집 식중독'과 '글로벌 아웃브레이크'

당시 한국 사회는 신종(emerging) 혹은 재출현(re-emerging) 감염병 유행이라는 '세계적 트렌드'에 발을 맞추던 참이었다. 1980년대 들어 HIV/AIDS라는 신종 감염병이 전 세계를 휩쓸기 시작했고, 니파 바이러스, 웨스트나일 바이러스 같은 새로운 병원체들이 속속 발견되었다.[1]

1995년에 개봉한 영화 〈아웃브레이크〉도 이러한 시대상을 반영한 것으로, 아프리카 자이르에서 발생한 에볼라 바이러스 유행을 모티브로 삼았다. 그뿐만 아니라 1990년대 뉴욕 한복판에서 결핵이 창궐하고, 소비에트 연방 해체와 함께 러시아에서 디프테리아가 유행하여 어린이들이 목숨을 잃는 등 옛 시대의 감염병들도 재출현해 맹위를 떨쳤다.

신종 및 재출현 감염병의 전 세계 사례

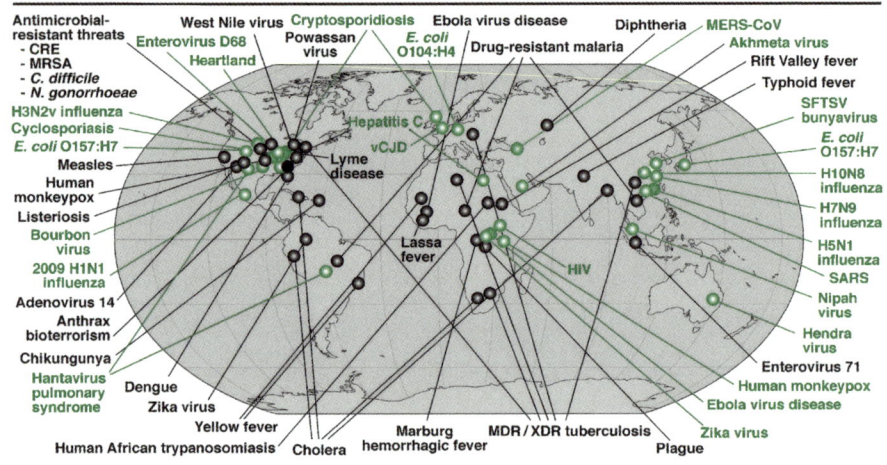

- ◎ 신종 감염병
- ◉ 재출현 감염병
- ● 의도적 출현 감염병

감염병 연구의 권위자이자 미국의 코로나19 대응을 이끌었던 앤서니 파우치가 세계지도에 그린 신종 및 재출현 감염병의 분포.

여기에는 몇 가지 이유가 있었다. 감염병을 진단하고 예방·치료하는 기술 자체는 빠르게 발전했지만, 사회적 환경과 생태적 환경도 변한 것이다. 우선 교통수단의 발달과 사람, 물품의 이동 증가는 병원체의 전파 속도를 가속시켰다. 2019년 겨울 중국 우한에서 시작된 원인불명의 폐렴이 전 세계적 코로나19 팬데믹으로 발전하는 데 채 3개월이 걸리지 않았다. 열대우림이나 초원에 사람들이 발을 들이면서 그전까지 노출되지 않았던 동물 병원체에 감염되는 일도 빈번해졌다. 영화 〈아웃브레이크〉에서는 밀림에 서식하는 원숭이로부터 감염이 시작된다. 한편 기후 온난화는 감염병 병원체와 매개체의 서식지를 확대하고 있다. 전쟁과 사회 혼란 또한 감염병 위기를 증폭시키는 중요한 요인이다. 최근 이스라엘의 공습으로 인해 상수도와 위생 시설, 병원 시설이 파괴되고 식량난이 악화된 가자지구에서는 A형 간염을 비롯한 다양한 감염병이 창궐하고 있다. 심지어 예방접종 체계가 무너지면서 소아마비 유행 우려까지 제기된 상황이다. 무엇보다 대량생산과 대량소비 체계는 이전과 다른 규모와 방식으로 감염병 위협을 증폭시킨다. 예컨대 닭의 공장식 대량 사육은 조류 인플루엔자 유행의 가장 중요한 위험 요인으로 지목된다. 좁은 공간에 수많은 동물이 함께 모여 있으면 바이러스 전파가 쉽게 일어나고 이 과정에서 돌연변이가 생겨날 가능성도 높아진다. 원래는 조류 사이에서만 전파되던 바이러스가 이런 변이를 거듭하면서 인간에게도 전파되고 이로부터 인간들 사이에서 유행이 급속히 확산될 수 있다. 그동안 세계적으로 여러 번의 조류 독감 대유행이 일어났고, 많은 과학자

'마을 잔칫집에 다녀온 주민들이 집단으로 복통을 호소……'
이런 소박한 사건과는 '급'이 다른 감염병 시대가 도래했다.

미국에서 유통되는 대다수 식품이 치명적인 병원체에 오염되어 있다는 사실을 파헤치며 식품 회사들의 비윤리적 이윤 추구와 관련 정부 기관들의 무관심을 지적한 다큐멘터리 〈포이즌Poisoned: The Dirty Truth About Your Food〉 포스터와 미국의 대규모 로메인 상추 재배지.

가 코로나19 팬데믹 이전에 조류 독감이 팬데믹으로 발전할 수 있다는 경고를 반복해왔다.

이제는 세계 어느 곳에서든 감염병 유행이 일단 시작되고 나면 이전과 비교할 수 없는 규모의 '글로벌한' 피해로 이어질 수 있다.

이를테면 2018년 가을 미국의 한 농장에서 재배한 로메인 상추가 병원성 대장균(E.coli O157:H7)에 오염되었을 때 환자는 무려 17개 주에서 발생했다. 이 제품은 미국 전역과 캐나다·멕시코까지 공급되었기에, 사상 최대 규모의 리콜 조치가 이어졌다. 〈포이즌: 음식에 감춰진 더러운 진실〉이라는 넷플릭스 다큐멘터리에 등장한 이 농장의 로메인 상추 재배지는 눈길이 닿는 곳 모두, 지평선 너머까지 펼쳐져 있었나. 국내에서도 2006년 한 급식업체가 제공한 반찬이 노로바이러스에 오염되는 일이 벌어졌는데, 당시 이 업체가 담당하던 32개 학교의 학생 3000여 명이 식중독에 걸렸다. 옛날 역학 교과서에 등장하던 '마을 잔칫집에 다녀온 주민 30명이 집단으로 복통을 호소……' 같은 소박한 사건과는 '급'이 다른 감염병 시대가 도래한 것이다.

'지리산 자랑꾼'을 슬프게 만든 지역사회 세균성 이질 유행은, 말하자면 '잔칫집 식중독'과 '글로벌 아웃브레이크' 사이에 일어난 전환기적 사건이라고 볼 수 있었다. 이러한 흐름에 대응하기 위해, 국내에서도 1999년 국립보건원 안에 '전염병관리부'가 신설되었고, 2004년에는 국립보건원이 '질병관리본부'로 확대 개편되었다. 하지만 그때까지만 해도 이런 거대한 시대적 흐름은 읽지 못한 채, 나는 그저 베타딘에 의지하며 대책 본부에서 하루하루를 버텨나갔다.

　영화를 끝까지 다 보고 나서야, 도입부에 잠깐 스쳐 지나갔던 장면이 중요한 복선이었음을 깨닫는 경우가 종종 있다. 그때 알아봤어야 했는데 하면서 아쉬워하지만, 흘러가는 시간 속에서 사건들을 연결하며 문제의 본질을 꿰뚫어보기란 쉽지 않다. 당시 내가 끙끙대며 마주했던 것은 작은 이질균과 더 작은 아이오딘 원소의 대결이었지만, 지금 생각해보면 그것은 코로나19 팬데믹 같은 전 지구적 공중보건 위기의 징후를 알리는 작은 단서이자, 예방의학 전공자의 앞길이 단지 책상 위에서만 펼쳐지지 않을 수 있음을 예견하는 징후였던 것이다.

산소

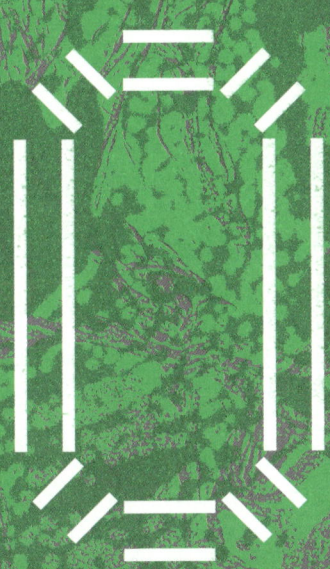

'불멍'에서 에크모까지,
그곳에 산소가 있다

건강식품에도 유행이 있는 듯싶다. 한동안 온갖 열매며 잎사귀를 발효시켜 만든 '효소'가 인기였다. 교과서적으로 정의하자면 효소(enzyme)는 화학반응을 촉진하는 생물학적 촉매 역할을 하는 단백질을 일컫는다. 하지만 TV 건강정보 프로그램이나 자연인의 삶을 칭송하는 프로그램에서는 삼투압 효과로 추출된 식물의 액체 성분이 포함된 설탕물을 효소라고 부른다. 소화불량 개선에서부터 항균, 혈관 건강, 피부 미용, 관절염 완화에 이르기까지, 효소는 만병통치약에 가까운 것처럼 소개된다. 그러나 애석하게도 가장 확실하게 확인된 자칭 효소의 효과는 혈당을 높인다는 것뿐이다.

이어서 '디톡스(detox)'가 유행했다. 인간이 독 두꺼비도 아니고, 무림고수의 독공(毒攻)에 해를 입은 것도 아니건만 우리 몸에서 독소를 빼내야 한다며 과일과 채소를 갈아서 마시거나 단식, 심지어 장 청소(?)를 하는 사람들이 급증했다. 그 효과는 아직 입증된 바 없다. 그리고 가장 최근의 유행은 '항산화(anti-oxidation)'인 것 같다. 블루베리·브로콜리·가지·녹차 등

산소

등 '활성산소를 줄이고 노화 속도를 늦추는' 다양한 천연 식품 목록들이 미디어를 장식하고, 이것만으로는 불충분하다면서 영양 보충제들이 인기리에 팔리고 있다.

'활성산소'를 줄인다니, '산소 같은 여자!'를 내세우며 산소 예찬론을 펼쳤던 화장품 광고가 선풍적 인기를 누리던 1990년 대에는 감히 상상할 수 없었던 일이다. 요즘은 산소에 대한 우려와 경계심이 하늘을 찌른다. '활성산소 같은 여자'라면 그녀는 희대의 악당일 것이 분명하다. 어쩌다 산소는 이런 두려움의 대상이 된 것일까.

원소기호 8번 산소는 우주에서 수소와 헬륨 다음으로 흔한 원소다. 지구 지각에서 46%를 차지하는 가장 흔한 원소이며, 바닷물 무게의 89%는 산소 몫이다. 사실 산소라고 하면 자연스럽게 기체 상태의 산소 분자(O_2)가 떠오른다. 그래서 땅과 바다에 그토록 산소가 많다는 것이 의아하게 생각될 수도 있다. 하지만 물의 화학식은 H_2O가 아니던가. 또한 각종 암석들도 금속과 비금속 원소에 산소가 결합된 '산화물' 형태로 존재한다. 예컨대 지각을 이루는 가장 흔한 물질인 규산염(SiO_4)은 규소와 산소가 결합한, 산화된 규소라고 말할 수 있다.

일반적으로 화학반응에서 산화(酸化, oxidation)라고 하면 원소가 전자(電子, electron)를 잃는 것을 말한다. 하지만 이름에서 알 수 있듯 원래는 화합물에 산소가 결합하는 현상을 일컫는 용어였다. 산소 자체는 맛·색·냄새가 없는 기체이지만 반응성이 대단히 높고 다른 물질과 잘 결합한다. 철에 녹이 슬었다는

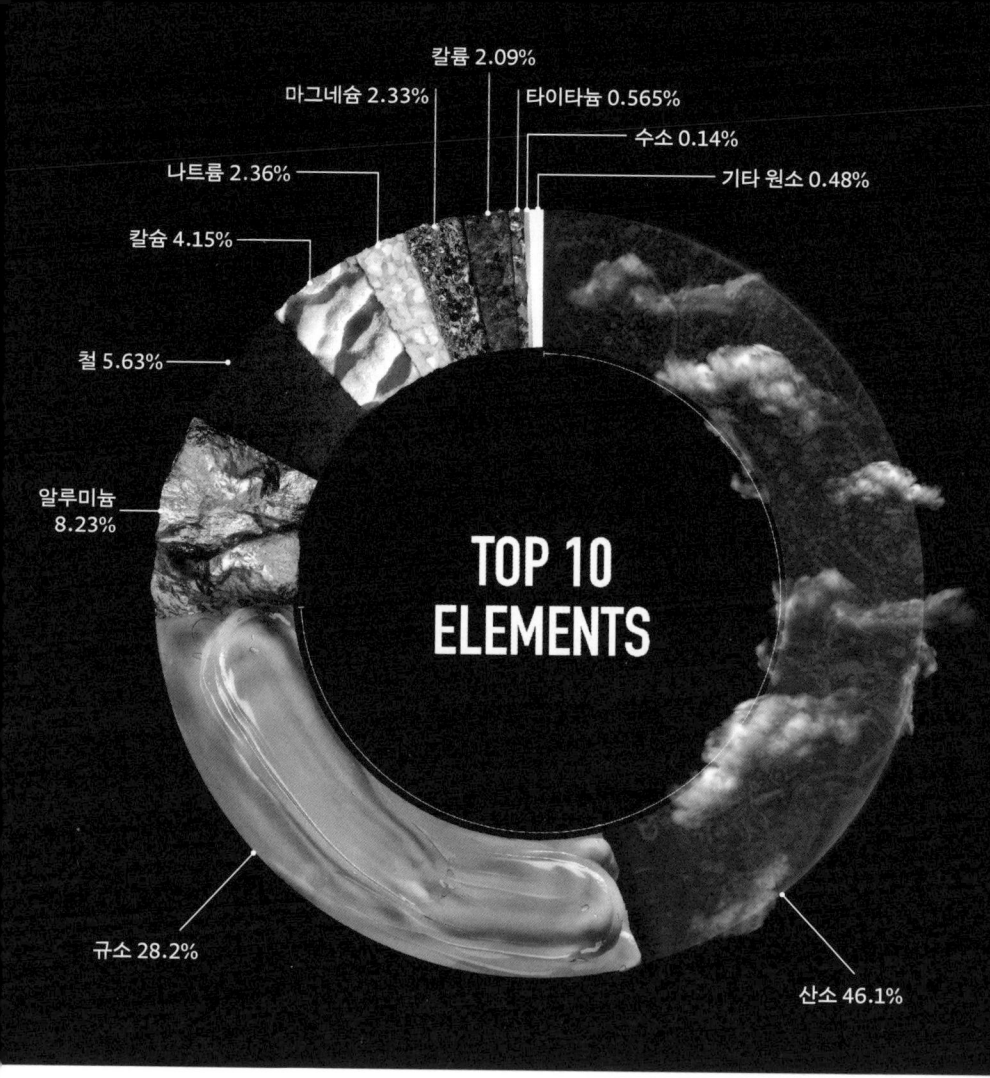

흔히 기체 상태의 분자(O_2)를 떠올리지만, 산소는 지구 지각에서 46%를 차지하는 가장 흔한 원소다. ⓒVisual Capitalist

것은 철과 산소가 만나 산화철이 되었다는 것이고, 격렬한 산화 반응 과정에서 열과 빛이 발생하는 경우를 우리는 '연소'라고 부른다. 모닥불을 바라보며 '불멍'을 한다는 것은 목재의 격렬한 산화 과정을 지켜보는 것이기도 하다. 또한 산소는 유기체의 여러 조직에서 중요한 구성 성분이다. 유전물질의 기본이 되는 핵산부터 단백질, 탄수화물은 물론이고 치아와 골격에도 산소는 빠지지 않는다.

하지만 우리에게 여전히 가장 익숙한 것은 산소 기체다. 오늘날 산소는 지구 대기 부피의 21%를 차지하지만 지구가 처음 생겨날 때부터 그랬던 것은 아니다. 약 27억 년 전 최초로 광합성을 하는 남세균(cyanobacterium)이 출현하면서 산소가 본격적으로 생성되기 시작했다. 21억~24억 년 전 무렵, 이전에 대기를 채웠던 메탄을 밀어내고 중요한 요소가 된 것이다. 하지만 지구 대기의 산소 농도에는 변동이 적지 않았다. 약 5억 4000만 년 전 캄브리아 시기 이래 대기 중 산소 농도는 15~30% 사이에서 변동했고 3억 년 전 석탄기에는 최고 35%까지 상승하기도 했다.

이 시기는 거대 절지동물(arthropod), 특히 거대 곤충들이 활보했던 때이기도 하다. 이들 절지동물은 혈액을 통해 조직에 산소를 공급하는 것이 아니라 기관(氣管, trachea)을 통해 직접 산소를 전달하는데, 기관 생장의 제약만큼 몸이 커지는 데에도 제약이 따른다. 만일 대기 중 산소압이 높아져 같은 기관의 크기로도 조직에 훨씬 쉽게 산소를 공급할 수 있다면 몸은 커질 수 있다. 화석을 토대로 고생대를 재현한 다큐멘터리에서는 갈

고생대 동물의 화석. 대기 중 산소 농도가 높았던 이 시기에는 곤충들의 몸집도 거대했다.
©BarashenkovAnton

매기만 한 잠자리들이 하늘에서 날개를 퍼덕이고, 길이 2.5m, 폭 50cm에 달하는 노래기들이 스르르 미끄러지며 숲을 산책했다.[1] 그분이 고개(?)를 쳐든다면, 앞에 선 인간과 눈을 맞추며 대화도 할 수 있는 사이즈다. 다행히 인류가 출현하기까지 시간이 많이 남아 있었다.

어쨌든 대기 중 산소의 출현은 지구 생태계를 거의 완벽하게 변화시켰다. 일부 혐기성(嫌氣性) 생물을 제외한 모든 동식물과 균류(곰팡이)는 세포호흡에 산소를 사용한다. 우리가 섭취한 영양소들을 '산화'시켜 물과 이산화탄소, 그리고 생명체의 에너지원인 ATP(Adenosine triphosphate, 아데노신 3인산)를 생성하는 과정이다. 이는 광합성의 반대 과정이라고 말할 수 있다. 이렇게 세포호흡이 일어나려면 일단 산소가 세포까지 전달되어야 한다. 피부로도 호흡할 수 있는 개구리나 두꺼비와 달리, 인간은 폐호흡을 통해 산소를 얻는다. 기도를 통해 몸에 들어온 공기 중의 산소는 폐의 허파꽈리(폐포)에서 주변 모세혈관으로 확산되고 혈액 속에 있는 적혈구의 헤모글로빈에 결합한다. 산소를 듬뿍 함유한 동맥혈은 심장의 펌프질에 의해 혈관을 따라 온몸으로 퍼져나가고, 폐로 돌아오는 정맥혈은 세포에서 부산물인 이산화탄소를 데려온다. 코로나19 유행 시기에 유명해진 '에크모(ECMO, ExtraCorporeal Membrane Oxygenation, 체외막산소공급기)'는 우리 몸 바깥에서 폐와 심장 대신 이 과정을 수행하는 장치다. 심장이나 폐가 제대로 기능하기 어려운 환자들에게는 말 그대로 '생명 유지' 장치인 셈이다.

에크모나 인공호흡기 말고도 산소 문제를 해결한 의료 혁신으로 인공 폐표면활성제(pulmonary surfactant)를 빼놓을 수 없다. 계면활성제(surfactants)는 표면(surface)-활성(active)-제(agent)의 합성어다. 두 가지 액체, 혹은 액체와 기체, 액체와 고체 사이의 표면장력을 줄여주는 화합물을 말한다. 세제와 비누의 주성분이 바로 계면활성제인데, 물을 밀어내는 부분과 물에 친화적인 부분을 동시에 가지고 있기 때문에 물과 기름이 섞일 수 있도록 만들고 거품을 형성하며 오염 물질 분리를 촉진한다.

산소를 들이마실 권리도 인종마다 달랐다

이러한 계면활성제는 우리 몸에서도 만들어진다. 폐의 말단에 위치한 폐포들이 그 역할을 한다. 폐포에서 분비하는 폐표면활성제는 촉촉한 폐포 표면과 공기 사이에서 표면장력을 낮춰 폐포가 쪼그라드는 것을 막아준다. 폐포가 쪼그라든다는 것은 산소-이산화탄소 교환이 이루어질 수 없다는 뜻이고, 그러면 저산소증에 빠지게 된다.

문제는 너무 일찍 세상으로 나온 아기들이다. 태아는 엄마 뱃속에서 폐로 숨을 쉬는 것이 아니라 탯줄의 혈액을 통해 산소를 공급받는다. 임신 24~28주가 되어야 폐의 폐포와 모세혈관이 발달하고 계면활성제가 분비되기 시작한다. 만일 이보다 먼저 이른둥이(조산아)로 태어나게 되면 폐가 아직 미성숙할 뿐 아니라 젖어 있는 폐 표면장력을 감소시키는 계면활성제가 없기 때문에 폐가 충분히 펴지지 못하고 쪼그라들어 호흡부전증

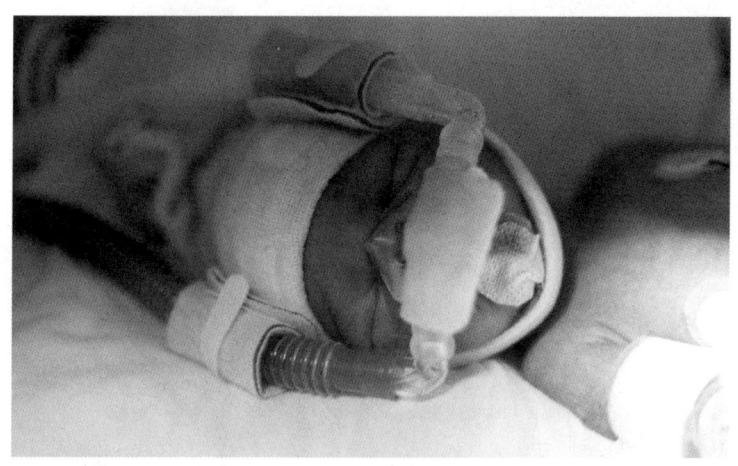
호흡부전증에 빠진 미숙아의 폐에 폐표면활성제를 투여하는 모습. ⓒAWelshLad

후군(respiratory distress syndrome, RDS)에 빠질 가능성이 높다. 이를 막기 위해 조산아들에게 인공 폐표면활성제를 투여한다. 이는 아기들을 살릴 수 있는 매우 중요한 치료법이며, 그래서 세계보건기구가 정한 필수 의약품 목록에도 올라 있다. 하지만 1996년에 미국 연구자들이 발표한 논문은 과학기술 혁신이 가져온, 예상치 못한 문제를 보여주었다.[2]

    미국 식품의약국이 폐표면활성제 사용을 승인한 것은 1990년이다. 논문은 치료제 승인 전후인 1987~1989년과 1991~1992년 동안 세인트루이스 지역 신생아 치료 결과를 비교했다. 지역의 4개 신생아 중환자실에서 치료받은 초저체중아(500~1500g) 1563명을 추적 조사하여 신생아 사망률(출생 후 28일 이내에 일어난 사망) 현황을 분석했다. 관찰 기간 동안 폐표면활성제 사용은 약 10배 증가했고 초저체중아들의 신생

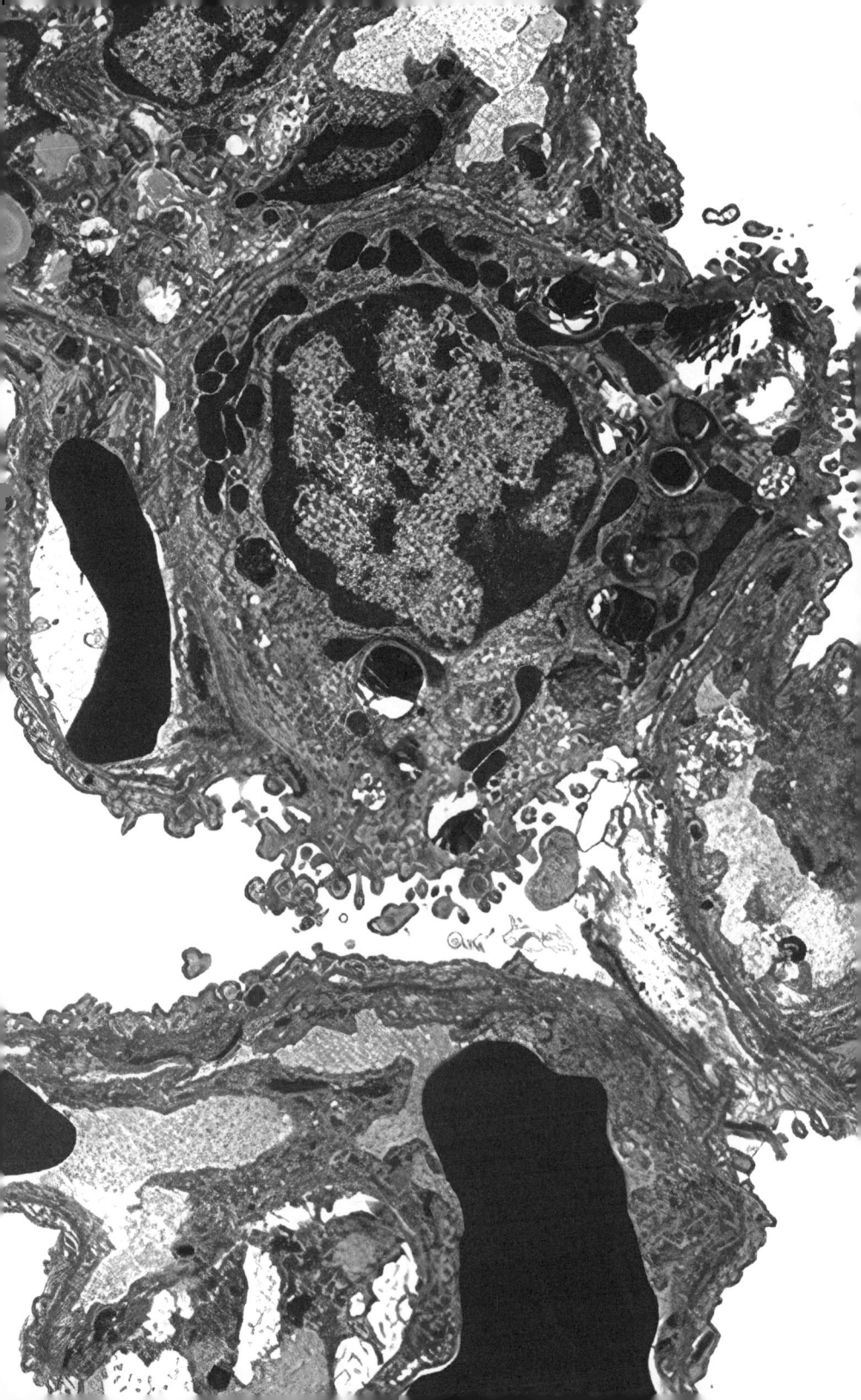

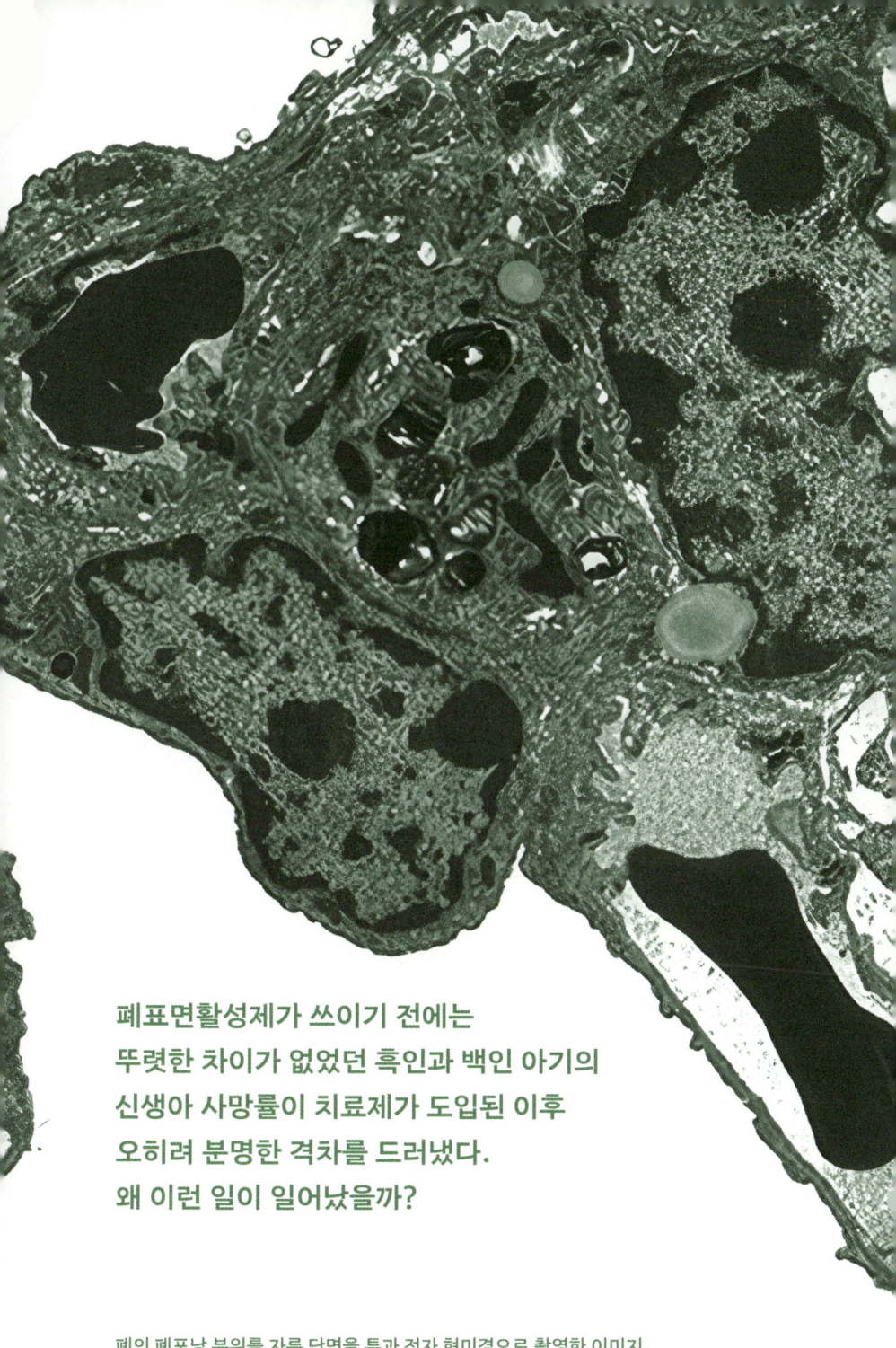

폐표면활성제가 쓰이기 전에는
뚜렷한 차이가 없었던 흑인과 백인 아기의
신생아 사망률이 치료제가 도입된 이후
오히려 분명한 격차를 드러냈다.
왜 이런 일이 일어났을까?

폐의 폐포낭 부위를 자른 단면을 투과 전자 현미경으로 촬영한 이미지.
폐포낭 안에 소낭(작은 주머니)이 있고, 이 안에 계면활성제가 저장된다.

아 사망률은 1000명당 220.3명에서 183.9명으로 16% 감소했다. 사망 감소의 대부분은 호흡부전증후군 사례에서 관찰되었다. 1987~1989년에는 초저체중으로 태어난 아기들의 5%만이 폐표면활성제를 투여받았지만 1991~1992년에는 그 비중이 56%로 늘어났다. 기술혁신은 단시간에 확산되었고 놀라운 성과를 보였다.

그런데 문제가 있었다. 이러한 사망률 개선 효과가 백인 아기들에게서만 두드러졌다는 점이다. 이 시기에 백인 신생아 사망률은 1000명당 261.2명에서 155.5명으로 41% 감소한 반면, 흑인 신생아 사망률은 195.6명에서 196.8명으로 거의 변하지 않았던 것이다. 폐표면활성제가 쓰이기 전에는 뚜렷한 차이가 없었던 흑인과 백인 신생아 사망률이 치료제가 도입된 이후 오히려 분명한 격차를 드러냈다. 왜 이런 일이 일어났을까? 흑인 아기들에게는 폐표면활성제가 효과가 없었던 것일까.

자세히 들여다보면, 일단 폐표면활성제를 투여받은 경우에는 인종 간 신생아 사망률에 차이가 없었다. 그러나 1991~1992년에 초저체중으로 태어난 조산아 중에서 백인 아기는 63%가 치료제를 투여받은 데 비해 흑인 아기는 52%만 약제를 투여받은 것으로 나타났다. 혁신기술에 대한 접근성에 인종 간 불평등이 존재했던 것이다. 이러한 영아 사망률 불평등 문제를 종합적으로 살펴본 리뷰 논문은 이것이 생애 출발 단계에서의 '첫번째 불의(first injustice)'라고 표현하기도 했다.[3]

이후 1999~2002년 뉴욕에서 시행한 조사에서도 인종 간 불평등은 여전히 관찰되었다. 투여 기준을 충족함에도 불구하고 폐표면활성제 치료를 받지 않을 가능성은 흑인 아기들이 백인 아기들에 비해 여전히 4배나 높았다. 심지어 2006년 출생아 자료를 분석한 결과에서도 임신 28주 이전에 태어난 흑인과 히스패닉 아기들은 백인 아기들에 비해 폐표면활성제를 투여하지 않을 확률이 각각 4배, 2배 정도 높았다.[4]

　논문들은 폐표면활성제의 분명한 효과에도 불구하고, 흑인, 히스패닉 조산아들이 백인 아기들에 비해 치료제를 투여받을 가능성이 낮았던 이유를 별도로 분석하지는 않았다. 하지만 추측해볼 수는 있다. 부모의 경제적 부담 능력 차이, 혹은 새로운 치료제에 대한 부모의 정보력 차이에서 비롯되었을 가능성이다. 또한 임상적 의사결정에서 (암묵적) 차별이 일어났을 수도 있다. 최신 치료법을 비-백인 환자에게 덜 권하고, 덜 적극적으로 치료하는 방식이다. 실제로 인종에 따른 불평등한 치료, 차별적 대우는 미국 사회에서 심각한 문제로 지적되어왔다. 2003년 미국의학원(Institute of Medicine)은 이 문제에 대처하기 위해 《불평등한 치료: 보건의료에서의 인종·민족적 격차 대응》이라는 책자를 발행하기도 했다.[5] 이 중 어떤 경우든 인종 간 폐표면활성제 사용률 차이와 그로 인한 신생아 사망률의 차이는 명백한 사회불평등이며, 불의(不義)라고 말할 수 있을 것이다.

　1966년에 체결된 '경제·사회·문화적 권리에 관한 국제규약' 제15조는 과학적 진보와 그 응용기술의 혜택을 모든 사람이 향유할 권리가 있다고 천명했다. 하지만 현실에서 아기들이 산소를 들이마실 권리는 인종에 따라 차별적으로 보장되었다. 그

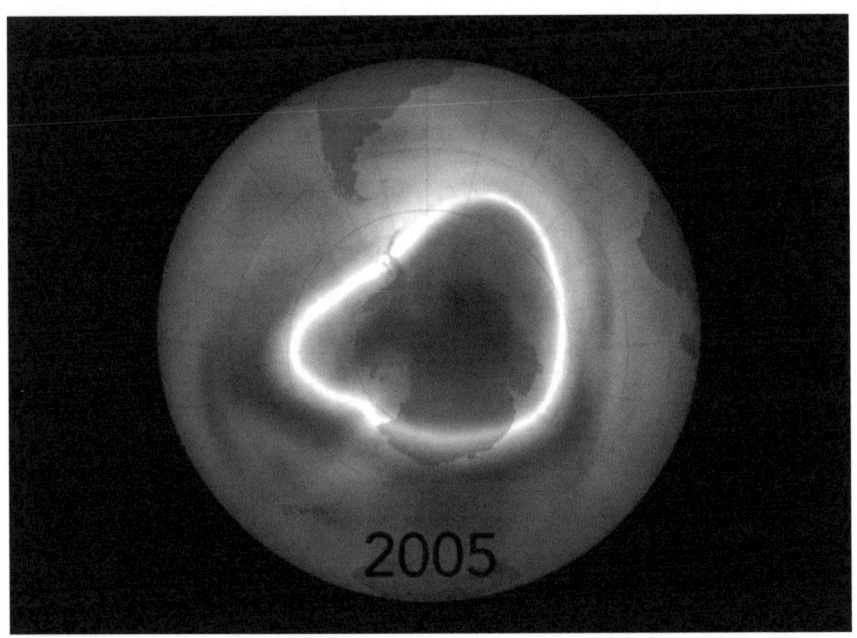

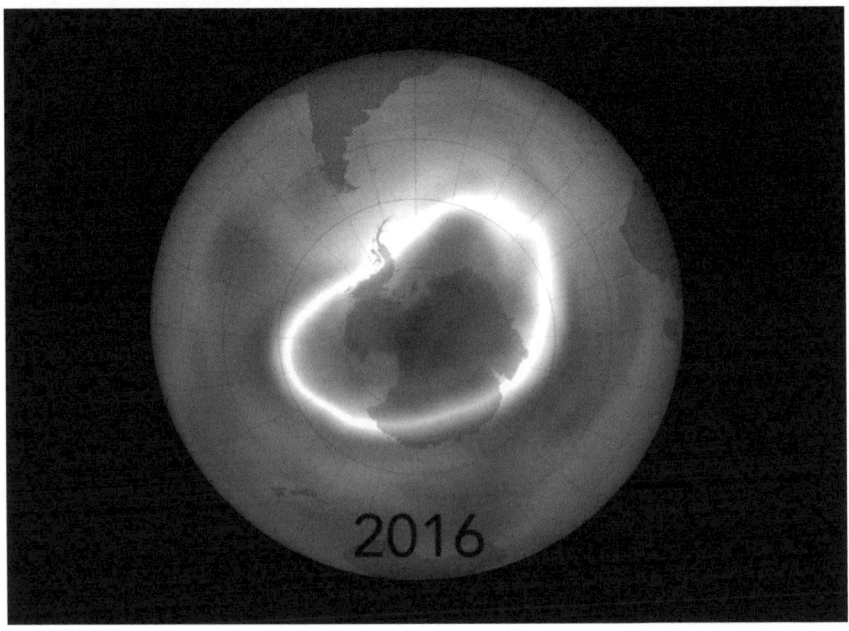

CFC 사용을 금지한 뒤 미국 항공우주국이 촬영한 자료를 보면, 2005년에 비해 2016년 오존층의 구멍 크기가 줄어든 것을 확인할 수 있다. ⓒNASA

래서 새로운 치료제라는 과학적 진보가 오히려 건강 불평등으로 이어진 역설적 사례로 역사에 남게 되었다.

인류에게 오존층 회복시킬 재능이 있다면

그러나 인류에게는 불평등이라는 부작용 없이 산소 문제에 성공적으로 대처한 '모범 사례'도 있다. 바로 오존층 회복이다. 태양에서 유래한 자외선은 대기의 산소분자(O_2)를 산소 원소(O)로 분해하고 이것이 다시 산소 분자와 결합하면 오존(O_3)이 된다. 오존은 유해한 자외선(UVB)이 지구로 그대로 전달되는 것을 마아줌으로써 지구에 살고 있는 생물들을 보호해준다. 오존층이 없다면 자외선에 의한 심각한 DNA 손상 때문에 인류와 생태계가 남아나지 못했을 것이다. 그런데 1974년에 냉장고, 에어컨, 헤어스프레이 등에 사용되는 냉매 CFC가 성층권의 오존을 파괴한다는 사실이 알려졌다. 이들 제품의 소비와 생산이 늘어나면서 오존층 파괴는 점차 심각해졌고, 급기야 1985년에는 남극 상공에서 오존층 구멍이 확인되었다. 전 세계는 보기 드물게 협력에 나섰다. 어떤 개인, 어떤 국가의 문제가 아니라 그야말로 인류의 운명이 달린 문제였기 때문이다. 그리고 1987년 CFC 사용을 금지하는 '몬트리올 의정서'가 채택되었다.

그로부터 30년이 지난 2018년, 미국 항공우주국은 2005~2016년 동안 지구 오존층의 구멍 크기가 20% 작아졌고, 이러한 회복은 CFC 규제 덕분이라는 연구 결과를 발표했다.[6]

그동안 환경보호와 기후 위기에 대응하기 위해 많은 국제 협약들이 맺어졌지만 뚜렷한 성과를 거둔 경우가 거의 없었다. 그래서 이 결과에 많은 이들이 환호했다. '하면 된다'는 것을 실제로 보여주었기 때문이다. 물론 안심하기는 아직 이르다. 이미 배출된 CFC는 대기 중에 50~100년 동안 잔류할 수 있다. 완전한 회복에는 시간이 더 필요하다. 2023년 유엔 발표에 따르면, 지금처럼 규제 정책이 지속된다고 가정했을 때, 남극 2066년, 북극 2045년, 나머지 지역에서는 2040년이 되어야 1980년대 수준, 즉 CFC가 사용되기 이전으로 오존층이 회복될 수 있을 것이라고 예측했다.

천문학자 칼 세이건은 유작이 되어버린 《Billions & Billions: Thoughts on Life and Death at the Brink of the Millennium》(1998, 한국어판 제목 '에필로그')에서 이렇게 이야기했다. "오존층에 생긴 구멍은 일종의 하늘에 새겨진 글씨입니다. 처음에는 마녀가 만들어낸 치명적 위험 앞에서 계속 안일하게 행동하는 우리 모습을 적어놓은 것처럼 보였습니다. 하지만 어쩌면 지구환경을 보호하기 위해 함께 노력하는, 새롭게 발견된 재능에 대해 말하고 있는 것일 수도 있습니다." 그의 희망대로, 인류는 스스로 저지른 환경 파괴를 복원할 수 있는 재능을 보여주었다. 이러한 재능의 발현이 단지 오존층 회복에만 한정되지 않기를 바랄 뿐이다.

수은

온도계를 만들던 15살 소년의 죽음

프리모 레비의 에세이집 《주기율표》에는 단편소설 두 편이 수록되어 있다. 그중 한 편은 프랑스 혁명과 반혁명이 이어지던 19세기 무렵으로 추정되는 미지의 시대, 이름마저 '적막섬'인 외딴섬에서 벌어진 사건을 그렸다. 퇴역 군인인 주인공의 아내가 섬에서 즐겨 찾는 동굴은 미심쩍은 곳이다. 동굴 바닥은 복통이 일어난 것처럼 꾸르륵 소리가 나며 뜨거워지고, 바위틈에서는 유황 냄새가 나는 김이 뿜어져 나온다. 아내는 이곳에서 실재(實在)하지 않는 것을 듣거나 보았다. 사람들은 동굴에서 알록달록한 진사(辰砂, 수은으로 이루어진 황화광물)를 발견하기도 했다. 이쯤 되면 흑마술과 초자연적 존재가 등장하는 환상소설을 기대할 법하지만, 이는 화학자가 쓴 소설이고 이 장의 제목은 '수은'이다. 막연하고 불길한 공포에 사로잡힌 소설 속 주인공과 달리 나는 '어허, 지금 중독되고 있다고! 얼른 거기서 나와!' 조바심을 냈다.

어느 날 저녁, 예고 없이 화산이 폭발한다. 무서운 불길과 용암의 흐름이 멈춘 뒤 마을 사람들은 동굴을 찾는다. 동굴 천장의 갈라진 틈으로 은빛으로 반짝이는 방울들이 무수히 떨어지고 있다. 무겁고 반짝이는 방울들은 바위를 만나 작은 방울로 부서져 흘러 웅덩이를 만든다. 신비로운 광경에 정신을 빼앗긴 이들은 웅덩이에 손을 넣어보고 얼굴에 뿌리기도 한다. 이쯤 되면 보건학을 전공한 독자는 눈을 질끈 감게 된다. '안 돼! 그만!' 이후 소설은 폐쇄적 공동체의 광기, 전근대의 도덕감각, 급만성 수은중독 증상을 분간하기 어려운 인물들의 기행(奇行)을 보여주며 예상치 못한 방향으로 흘러간다.

디지털 체온계만 보고 자란 청소년들은 깨진 체온계에서 또르르 굴러나온 반짝이는 금속 방울이 얼마나 신비로운 느낌을 자아내는지 모를 것이다. 한자어 수은(水銀)은 말 그대로 물(水)처럼 흐르는 은(銀)이다. 수은을 나타내는 원소기호 Hg는 라틴어 hydragyrum에서 따온 것인데, 이 역시 물(hydor)과 은(argyros)의 합성어다. 영어로 'quick silver'라는 별명을 가지고 있다. 상온에서 액체 상태를 유지하는 이 특별한 중금속에 대한 옛사람들의 느낌은 세계 어디에서나 비슷했던 것 같다.

수은은 진사(辰砂), 즉 황화수은 광석(cinnabar ore, HgS)을 태워 얻을 수 있다. 붉은 돌을 태워서 은빛 액체를 만들어낸다니 그야말로 연금술의 한 장면이다. 실제로 중세 서양의 연금술에서 수은은 금, 은 등과 함께 점성술의 주요 행성과 연관된 7대 원소 중 하나로 귀하게 여겨졌다.

수은은 현대 인간 사회에 쓸모가 많다. 예컨대 수은가스는 전자(電子)에 의해 자극되면 자외선을 방출한다. 이 자외선이

말 그대로 물처럼 흐르는 은으로, 옛사람들이 특별하게 여겼던 수은은
환경오염과 건강 피해가 알려지면서 이제는 거의 사용되지 않는다. ⓒistock

형광물질을 바른 유리를 통과하면 가시광선으로 바뀌는데, 이것이 바로 형광등의 원리이다. 수은은 상온에서 액체 상태이면서 온도 변화에 따른 수축과 팽창 비율이 일정하다는 특징 때문에 온도계에 활용된다. 밀도와 표면장력은 높은 반면 압축성과 부식성은 낮기 때문에 압력 측정에 이용하기도 좋다. 혈압을 수은 기둥의 높이로 측정하던 수은혈압계의 전통 때문에, 전자혈압계가 보편화된 오늘날에도 혈압의 측정 단위는 여전히 mmHg로 남아 있다. 이뿐만 아니라 수은과 은을 합금한 아말감은 충치 치료의 중요한 재료였고, 전자시계나 계산기 같은 작은 전자제품에도 수은 전지가 필수였다.

하지만 수은에 의한 환경오염과 건강 피해가 널리 알려지면서 이제 수은을 이용한 일상용품은 사라져가고 있다. 특히 우려를 자아내는 것은 해양오염과 그로 인한 체내 축적이다. 바닷속 미생물에 의해 수은이 메틸수은(CH_3Hg^+)으로 전환되고, 먹이사슬을 통해 어패류와 포유동물의 몸에 축적된다. 바로 이 메틸수은 때문에 임신·수유 중인 여성과 어린이의 생선 섭취에 주의가 필요해졌다. 참치나 황새치처럼, 먹이사슬 위쪽에 있는 대형 어류일수록 중금속 축적량이 많아지므로 피해야 할 대상이 된다. 역사상 가장 유명한 '공해병' 중 하나인 미나마타병은 미나마타시(市)의 짓소(ちっそ, Chisso) 화학공장이 아세트알데하이드 생산공정에서 부산물로 생성된 메틸수은을 근처 바다에 무단 방류하면서 벌어진 일이었다.

배출원이 다양하고 피해도 광범위한 생태계 오염 통제에 비하면, 작업 현장에서 수은을 관리하는 것은 훨씬 쉽다. 수은 증기를 흡입하거나 수은 액체가 피부에 닿는 것을 막을 수 있도록 용기와 공정을 밀폐하고 배기 장치와 호흡 보호구를 활용하면 된다. 주기적으로 실내 대기와 노동자 소변의 수은 농도를 모니터하는 것도 혹시 모를 노출을 감시하는 수단이다. 하지만 쉬운 일보다 더 쉬운 것은, 아예 그 일을 하지 않는 것이다.

미나마타병 그리고 15세 소년의 죽음

1987년 12월 5일, 충남 서산의 중학교 3학년 문송면 학생은 야간 공고 진학을 위해 교장선생님 추천서를 들고 서울로 올라왔다. 그가 취업한 협성계공은 압력계와 온도계를 만드는 곳이었다. 문 군은 처음에는 도장실에 배치받아 압력계 커버에 페인트를 칠하고 시너를 이용해 제품을 세척하는 보조 업무를 맡았다. 2주 후 그는 온도계 팀으로 이동하여 약 5일 동안 수은 주입 업무를 하다가 다시 압력계 부서로 옮겨갔는데, 이때부터 불면증·두통·식욕 감퇴 증상이 나타났다. 감기로 생각해서 1월 20일께 동네 의원에서 치료를 받았지만 증상은 나아지지 않았다. 병명도 모른 채 고통받던 그가 수은중독을 진단받은 것은 두 달 뒤인 3월 14일이었다. 그리고 채 4개월이 지나지 않은 7월 2일, '퀵실버'라는 별명에 부합하기라도 하려는 듯, 수은은 15세 소년의 생명을 앗아갔다.

소년의 생애 마지막 몇 달, 회사와 정부는 이 짧은 시간을 가혹하게 재촉했다. 1월 20일, 소년이 건강 때문에 휴직계를 제출하려 했을 때, 회사는 일 때문에 아파서 휴직하는 게 아니라는 각서를 요구했다. 2월 8일부터 휴직계를 내고 통원 치료를 받아도 차도가 없자 그의 가족은 소년을 2월 16일 고향인 서산으로 데려갔다. 그러나 곧 전신 발작을 일으켰고, 동네 병원을 거쳐 2월 19일 서울 고대구로병원에 입원하게 되었다. 원인은 여전히 찾을 수 없었고 혈압이 190/140까지 올라가는 등 병세는 더 심해졌다. 80만 원이 넘는 병원비를 감당하기 어려운 가족은 3월 5일에 그를 퇴원시켰다. 불면증·고혈압·통증·정신장애 등은 한층 심해져만 갔다. 가족은 마지막 기대를 안고 3월 9일 소년을 서울대병원 소아병동에 입원시켰다. 그리고 3월 14일, 드디어 수은중독 및 유기용제 중독이라는 진단명을 얻게 되었다.

가족은 회사에 산재 처리를 요구했다. 그러나 회사는 일을 하다 중독되었다는 증거를 가져오라며 거부했다. 심지어 회사는 문송면 군을 진단한 서울대병원 의사를 찾아가 항의를 하기까지 했다. 가족이 산재 신청을 문의하니 노동부는 서울대병원은 산재 지정 병원이 아니라며 산재 신청을 하려면 한강성심병원에 가서 진단서를 받아오라고 했다. 그러나 병원비가 밀려 있어 당장 병원을 옮길 수 없었다. 4월 6일, 가족은 의사 소견서와 함께 산재 신청서를 작성하여 다시 회사에 찾아갔지만 날인을 거부당했다. 할 수 없이 사업주 날인이 없는 채로 노동부에 산재 신청서를 접수했다. 그러나 4월 16일 노동부는 이를 반려했다. 사업주 확인과 날인이 누락되어 있고, 진단 기관인 서울대병원이 산재보험 미지정 의료 기관이라는 것이 이유였다. 5월 4일, 문 군의 형이 다시 회사를 찾아가 산재 치료를 받을 수 있게 해달라고 애원했지만 거절당했다. 이튿날에는 사장이 서산의 집으로 직접 찾아와 모친에게 '의사와 짜고 쓸데없는 짓'을 한다는 폭언까지 했다.

5월 7일, 가족은 구로노동상담소의 도움을 받아 〈동아일보〉와 인터뷰를 했다. 5월 11일부터 여러 언론에 이 사건이 보도되기 시작했다. 이 와중에 5월 23일 무렵 춘천 후평공단에 위치한 온도계 제조업체에서 노동자 10여 명의 집단 수은중독 사건이 일어났다. 기업과 노동부의 무책임에 대한 사회적 비판이 거세지는 가운데, 6월 20일 드디어 문 군의 산재 요양이 승인되었다. 이제 최소한 병원비 걱정은 덜 수 있게 되었다. 그러나 되돌리기에는 너무 늦은 시간이었다.

이후 사건 조사 과정에서 황당한 사실들이 밝혀졌다. 문송면 군이 수은에 노출되고 건강이 악화되던 바로 그즈음인 1988년 1월 7일, 형광등 제조업체 성광기업의 직원 25명 중 18명이 만성 수은중독 상태라는 사실이 확인되었다. 노동부는 수은 취급 사업장 일제 점검을 지시했다. 그에 따라 문 군이 일했던 협성계공에서도 1월 26일 특수건강검진과 작업환경 측정이 이루어졌다. 대기 중 수은 농도는 허용 기준치보다 높았고, 작업 현장에는 수은 방울들이 떨어져 있어서 육안으로 보일 정도였다. 수은 주입실 근무자 6명 전원의 소변에서 기준치보다 높은 수은이 검출되었고, 4명은 치료가 필요한 정도의 수은중독 상태였

수은

다. 그중 셋은 미성년자였다.

2018년에야 폐지된 산재 사업주 날인 제도

하지만 노동부는 임시 건강진단을 실시하라는 지시 외에 아무런 조치를 취하지 않았다. 이후 5월 17일 검진에서도 6명 전원이 유소견을 나타냈으나 역시 사후 조치는 없었다. 이 모든 일은 15세 소년이 병상에서 일어나지 못하고 의사들은 무슨 병인지 몰라 고심하던 바로 그때에 일어났다. 치료비가 없으니 제발 산재를 인정해달라고 가족들이 회사와 노동부에 애원하던 바로 그때, 직업병이라는 증거가 있냐며 회사가 발뺌하고 노동부는 절차를 문제 삼으면서 산재신청서를 반려하던 바로 그때 말이다.

    이 글을 쓰기 위해 '고 문송면 군 장례위 활동 보고서 및 자료집'을 오랜만에 다시 열어보았다. 그의 1주기인 1989년 7월 장례위원회가 펴낸 것으로, 내가 운영위원으로 활동 중인 노동건강연대가 2009년 한국사회과학자료원에 기탁한 자료다.[1] 당시 사건 일지, 언론 기사, 시민들의 추모글을 꼼꼼히 읽다 보면, 기업과 정부의 환상적 연금술이 수은의 독성보다 치명적이었음을 다시금 깨닫게 된다.

    서울대병원을 포함한 소위 빅5병원이 산재요양기관으로 지정된 것은 문송면 군의 산재 신청이 반려된 지 20년이 지난

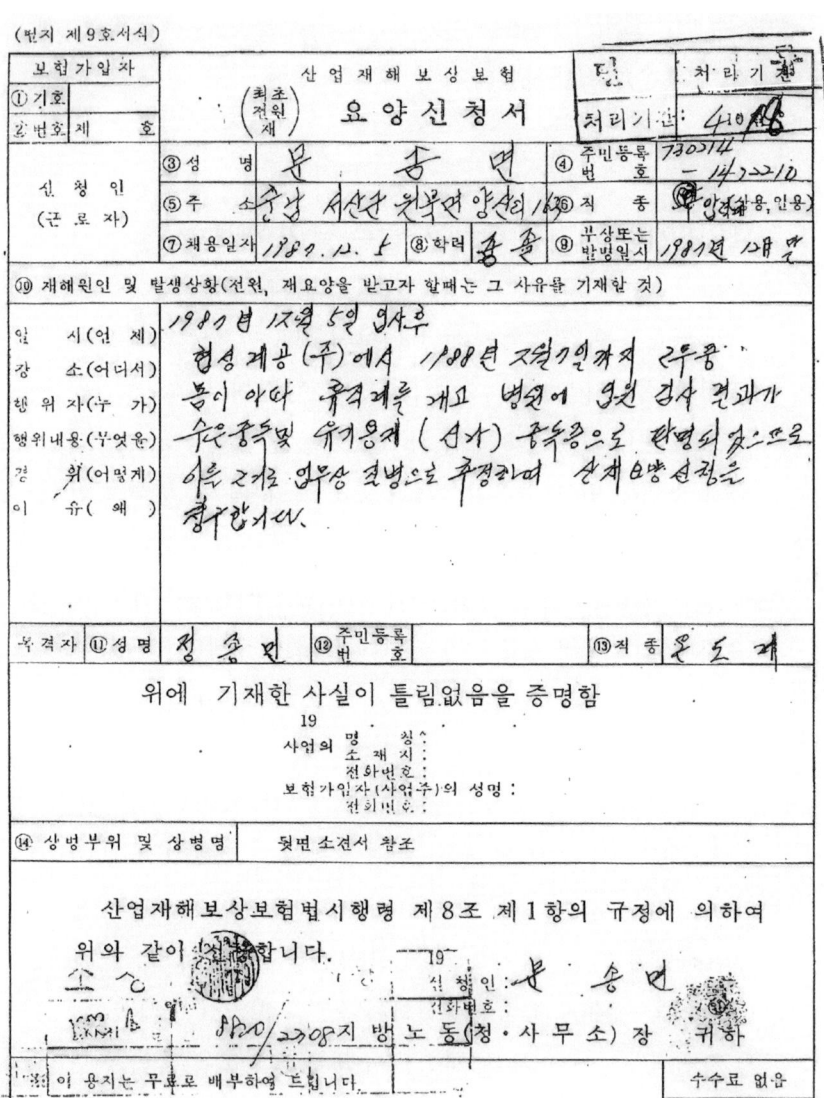

노동부 서울남부사무소

남부 01254-6044   633-7014   1988. 4. 16.

수신 문병곤 (충남 서천군 한산면 양산리 163)
제목 민원 서류 반려

　　귀하(사, 병원)가 당소에 제출한 "최초요양신청서"는
아래와 같은 사유로 반려합니다.

　　　　　반려사유
　　　　　─────────

1. 사용증 확인 되는 현직업 없는 부적
　　(사업장 수온 및 위험체(신나) 중독증에 대한 법무상 급여
　　대상 질환 사항에 있으며 현재 업무도는 인정되나
　　동사업장 보완처리 재출 요망)

2. 최초신단서라 산재보험 의료기관 의뢰가요

첨부 : 1) 최초요양신청서 1부. 끝.
　　　2)

노동부서울남부사무소

온도계 工場근무 15세소년

두 달만에 水銀중독

동아 88. 5. 11

　　수은중독을 진단받은 지 두 달여가 지난
　　5월 11일부터 언론에 문송면 사건이
　　보도되기 시작했다.

1988년 7월 17일 문송면이 다니던 협성계공 정문 앞에서의 장례 행렬.
ⓒ노동건강연대/한국사회과학자료원(KOSSDA)

2008년이었다. 산재 신청 시 사업주에게 확인을 받아야 하는 사업주 날인 제도는 그보다도 10년이 지난 2018년에야 폐지되었다. 그 시간을 채운 것은 산재 노동자와 가족들의 고통이었다.

    문송면 군을 비롯한 숱한 노동자와 그 가족들에게 고통의 시간을 안겨준 수은의 영어 명칭은 '머큐리(mercury)'다. 태양에서 가장 가까운 행성 '수성(Mercury)'에서 따왔다. 모자와 장화에 달린 날개를 상징으로 하는 '머큐리'는 로마 신화에서 가장 날쌘 신(神)이다. 그의 이름을 따서 명명한 '가장 빠른 행성'에 '빠른 은(quick silver)' 원소를 연결한 것이다.

    옛날 연금술사들은 수은이 고체와 액체, 이들이 각각 상징하는 지상과 천국, 삶과 죽음을 초월한 원소라고 믿었다. 하지

로마 신화에서 가장 날쌘 신 머큐리에서 온 수은은
삶과 죽음을 초월한 원소로 여겨졌으나,
머큐리에 노출된 노동자는 이러한 초월의 신비를
누리지 못했다.

만 수은에 노출된 인간과 동물들은 이러한 초월의 신비를 누리지 못했다. 모자와 장화에 날개를 달고 쏜살같이 위험을 피해 움직일 수 있는 머큐리와 달리, 노동자에게는 날개 역할을 해줄 기업도 정부도 없었기 때문이다.

황정은

아니오,
저는 지옥 가겠습니다

"적들의 군량미를 먹어 없애자!" 닭장차 안의 사람들은 사뭇 비장하게 초코파이를 두 개씩 먹어치웠다. 때마침 켜진 붉은 신호등에 나란히 멈춰 선 옆 차선 시내버스 안의 어린이가 우리를 손가락으로 가리키며 엄마와 이야기하는 게 보였다. "엄마, 저건 무슨 동물이에요? 이렇게 물어보고 있는 건 아니겠죠?" 옆자리 후배가 속삭였다. 머리채를 잡혀서 끌려오느라 혼이 빠져 있던 나는 차창 밖 어린이에게 손을 흔들어주고 다시 군량미 소진 투쟁에 동참했다.

풀려날 때쯤에야 알게 되었는데, 그 초코파이는 적들의 군량미가 아니라 시민들이 넣어준 '보급품'이었다. 그 시각 집회장 진입에 성공한 이들은 '구속 동지 구출가'를 부르며 잡혀간 우리의 안녕을 기원했다고 한다. 1991년, 휴대전화가 없던 시절이다. 그날 저녁, 함께 집회에 참가하기로 했던 일행들과 상봉하고 나서야 이런 소식을 알게 되었다. 세상에나 우리가 뭐 대단한 투쟁을 벌였다고 '구속 동지 구출가'씩이나. 우리는 그저 인도에 모여 앉아 있다 갑자기 백골단에게 질질 끌려가 의미

없는 군량미 소진 투쟁을 벌였을 뿐인데!

이 일을 겪은 정확한 날짜는 기억나지 않는다. 1991년 봄이었고, 당시 주말마다 원진레이온 공장 앞에서는 시위가 열렸다. 민주화운동기념사업회 아카이브 자료를 확인해보니 137일 동안 '장례 투쟁'이 이어졌다고 한다. 내가 다니던 의대 선배들은 몇 년 전부터 그 지역에서 무료 진료 활동을 해왔다. 그리고 당연하게 원진레이온 투쟁에도 함께 해오고 있었다. 나 같은 후배들도 선배 손에 이끌려 자연스럽게 투쟁에 참여하게 되었다. 출근부를 찍듯 매주 공장을 찾았는데, 그날은 평소보다 큰 집회가 열린 것으로 보아 4월 28일 아니면 5월 12일의 '원진레이온 직업병 은폐규탄 및 범국민 산재추방 결의대회'였던 것 같다. 자료로 남아 있는 팸플릿에서는 내가 활동하고 있는 노동건강연대의 전신 '노동과건강연구회' 이름도 찾아볼 수 있다.

SBS 방송 〈꼬꼬무(꼬리에 꼬리를 무는 그날 이야기)〉에도 소개된 적 있는 원진레이온 투쟁은 우리 사회 노동자 안전보건 운동에 큰 획을 그은 사건일 뿐 아니라 내 인생에도 중요한 사건이었다. 사실 나는 공대에 진학하고 싶었다. 하지만 전기 대학입시에 실패하고 나서 마지못해 후기 전형으로 의대에 진학했다. 소명 의식 같은 것은 전혀 없었다. 게다가 입학하자마자 운동권 선배들에게 '픽' 되어 사회과학 세미나를 하다 보니 의사가 점점 더 시시해 보였다. 세상이 이 모양인데 의사는 해서 뭐 하나.

그런데 원진레이온 집회에 참여하던 어느 날 선배가 예방의학이라는 분야가 있다며, 의사라고 모두 환자 진료만 하는 것

고 김봉환 동지 직업병 사망 128일째 투쟁

5월 12일, 원진레이온 직업병 은폐규탄 및

범국민 산재추방 결의대회

일시 : 1991. 5. 12 (일) 오후2시
장소 : 원진레이온 정문앞
(교통편 : 청량리 미주상가 건너편에서 금곡, 마석, 호평리행 버스, 166, 165, 좌석 765, 166, 330 을 타고 원진앞 하차)

주 최 : 원진레이온 직업병 노동자
고 김봉환동지 장례위원회

원진레이온 직업병 피해노동자 협의회, 원진레이온 직업병 피해자 및 가족협의회, 원진레이온 노동조합, 경기북부민족민중운동연합, 구리노동상담소, 해누리 민주 청년회, 전교조구리, 남양주, 미금지회, 구리진료소
민자당 일당독재분쇄와 민중기본권쟁취 국민연합, 전국민족민주운동연합, 민주화를 위한 전국교수협의회, 전국노동조합협의회, 전국언론노동조합연맹, 전국건설노동조합연맹, 서울지역노동조합협의회, 전국노동운동단체협의회, 서울노동운동단체협의, 전국건설일용노동조합, 서울 동부지구 총학생회 연합, 노동인권회관
건강사회를 위한 약사회, 건강사회를 위한 치과의사회, 인도주의 실천의사협의회, 노동과건강연구회, 참된의료 실현을 위한 청년한의사회, 서울지역 의학과 학생회 협의회
카톨릭노동사목 전국협의회, 민족자주통일불교운동협의회, 한국기독교 교회협의회 도시농어촌 선교위원회, 한국기독교 사회운동연합, 민주화실천 유가족 협의회, 민중당 노동위원회

은 아니라는 이야기를 해주었다. 예방의학을 전공하면 집회에서 처음 들어본 단어인 '역학조사'라는 것을 해서 직업병의 원인을 규명하고 보건정책을 만드는 연구도 할 수 있다고 했다. '앗, 이거다.' 지금 생각해보면 선배라고 해봤자 본과 2~3학년인데 예방의학에 대해서 뭘 얼마나 알았을까 싶지만, 당시에는 '하늘 같은 대선배'가 알려준 인생의 고귀한 가르침이었다. 이렇게 덜컥 한 사람의 인생 경로가 결정되었다. 아마도 이는 원진레이온 투쟁이 남긴 여러 유산 중 가장 소소한 것이리라.

6개월 만에 미쳐버린 노동자들

원진레이온 직업병 집단 발병의 직접적 원인 물질은 이황화탄소(CS_2)였다. 황과 탄소가 결합한 이 물질은 무색의 가연성 액체로 1796년 독일 화학자가 처음 합성했다고 알려져 있다. 오늘날 이황화탄소 생산량의 75%가량이 비스코스 레이온(인견사)과 셀로판 필름 제조 과정에 쓰인다. 목재나 대나무 펄프에 가성소다를 첨가하여 분해한 후 이황화탄소를 더해 녹이면 점성이 높은 비스코스 혼합물 상태가 된다. 여과기와 방사기를 거쳐 이를 실로 뽑아내어 정련과 건조 과정을 거치면 비로소 비스코스 레이온이 완성된다. 비스코스 레이온은 1905년 영국에서 첫 상업적 생산에 성공한 이래 면에 맞서는 인기 직물로 자리 잡았다. 제2차 세계 대전 이후에는 폴리에스터 같은 합성섬유에 밀려나 경쟁력을 잃었다가 최근 미세플라스틱을 발생시키

1980년대 후반부터 1993년 공장 문을 닫을 때까지 원진레이온 방사공장에서 1000명에 가까운 노동자들이 이황화탄소 중독 피해를 입었다. 사진은 1992년 촬영된 원진레이온 공장 작업장을 점검하는 모습. ⓒ경향신문

지 않는 '재생가능 친환경 섬유'로 다시 각광받고 있다. 염색이 잘되어 다양한 색상을 표현할 수 있는 데다가 흡습성이 좋으며 서늘하고 부드러운 촉감 때문에 정장 옷의 안감, 잠옷을 만드는 데 이용되고, 여름철 의류 소재로도 인기가 높다.

레이온 섬유 자체는 장점이 많고 심지어 '친환경'이지만 제조 과정에 쓰이는 이황화탄소를 제대로 관리하지 않으면 원진레이온 노동자들이 겪은 것과 같은 심각한 건강 피해가 발생한다. 이황화탄소 중독은 주로 신경계에 문제를 일으킨다. 섬망과 환각, 조현병 증상과 편집증적 사고, 기분장애뿐 아니라 시각·청각신경과 말초신경 장애를 초래한다. 심장질환과 뇌졸중도 중요한 건강 피해 중 하나다. 원진레이온 노동자 사이에서도 이러한 다양한 질병들이 확인되었다.

그런데 이황화탄소 독성이 알려진 것은 꽤나 오래전이다. 이미 19세기 중반, 이를 먼저 사용한 고무 산업에서 피해 사례가 나타났고, 1900년대 영국에서 레이온 생산이 본격화되면서 노동자들의 건강 문제가 뚜렷하게 드러났다. 일을 시작한 지 6개월 만에 노동자들이 '미친 사람'으로 변해가니, 그 독성이 알려지지 않을 수가 없었다. 1930년대 미국에서 첫 대규모 역학조사가 이루어지기도 했는데 당시 노동자 30%가 중독 증상을 보였다고 한다. 이후 1960년대 영국 연구에서도 노동자들의 심장마비, 뇌졸중 증가가 확인되었다.

그즈음 북미와 유럽의 생산 설비는 인건비가 저렴하고 규제도 느슨한 중국, 인도네시아, 인도 등지로 대거 옮겨갔다. 일본 동양레이온의 설비가 한국으로 건너온 것도 1964년이다. 일본 공장에서 40명 이상의 이황화탄소 중독 환자가 생기면서 1962년에 가동이 전면 중단되었는데, 한·일 국교정상화 과정에서 흥한화학섬유(주)가 이 공장 설비를 36억 환에 들여왔던 것이다. 이 회사의 설립자 박흥식은 반민특위의 첫 체포 대상자였을 만큼 대표적 친일파였다. 시작부터 잘못 끼운 단추였다.

비스코스 레이온 공장은 옮겨 다니는 곳마다 사신(死神) 역할을 했다. 그래서 이황화탄소의 건강 독성에 대한 근거는 프랑스어, 독일어, 영어, 이탈리아어, 일본어 등 전 세계 각지에 걸쳐 생산 기지 이전에 따라 다양한 언어로 남아 있다. 하지만 안타깝게도, 매번 문제가 '새롭게' 재발견되었다. 그래서 2016년 출판된 《가짜 실크: 비스코스 레이온의 치명적 역사(Fake Silk:

위: 1991년 4월 28일자 경향신문 기사.
아래: 원진레이온 전경.

원진레이온의 전신(前身) 흥한화학섬유의
설립자 박흥식은 대표적인 친일파로
반민특위의 첫 체포 대상자였다.
시작부터 잘못 끼운 단추였다.

1966년 흥한화학섬유 공장 기공식에서의 박흥식(오른쪽에서 두 번째). 맨 오른쪽은 박정희 대통령이다. ⓒ서울기록원

The Lethal History of Viscose Rayon)》의 저자 폴 블랑(Paul Blanc)은 이를 '주기적 기억상실증(cyclical amnesia)'이라고 표현했다. 이미 건강 피해가 잘 알려진 물질임에도 불구하고 대비하지 않고 있다가, 생산 기지가 옮겨갈 때마다 똑같은 문제가 반복적으로 일어나는 현상을 지적한 것이다.

이황화탄소 중독이 이렇게나 잘 알려진 문제였다는 점을 알고 나면 원진레이온 사건에 더욱 화가 난다. 아픈 몸 때문에 일도 그만두고 원인 모를 병마와 외롭게 싸우던 노동자들, 심각한 정신질환에 시달리다 자살로 생을 마감한 노동자들, 이들의 고통은 애초에 겪지 않아도 되었던 것이기 때문이다. 심지어 노동자들의 건강 피해가 드러나기 시작하고도 회사는 상당 기간 직업적 연관성을 부정했고, 일부 전문가들은 회사와 결탁하여 작업환경에 아무런 문제가 없다고 진단했다. 그리고 1993년 원진레이온 폐업 이후 1994년 라전모방이 공장을 인수하여 중국 단둥시에 위치한 국영화학섬유 총공사에 매각했다. 이황화탄소에 의한 건강 피해를 다룬 연구 목록에는 한국어와 중국어 논문들이 추가되고 있다. 학문적 언어 다양성이 훨씬 풍성해졌으니 기뻐해야 할까?

선진국의 산업시설이 건강 피해나 환경오염 같은 문제를 일으키고 해외로 이전하는 사례는 레이온 말고도 많다. 석면이 대표적이다. 심지어 '첨단산업'인 반도체에서도 비슷한 경향이 나타난다. 반도체 생산의 건강 영향에 대한 논문의 출판 국가를 표시해보면 뚜렷한 지리적 변화를 확인할 수 있다. 1980년대에는 핀란드, 영국, 미국에서 각각 단 한 편씩 논문이 출판되었고,

1990년대에 발표된 논문들은 모두 영국과 미국 노동자를 연구 대상으로 삼고 있다. 그러다가 2000년대에 접어들면서 타이완과 한국에서 논문이 출현하기 시작하고 편수가 빠르게 늘어나고 있다.

2017년 봄, 〈블룸버그 비즈니스위크〉 소속 기자로부터 인터뷰 요청 이메일을 받았다. 동료들과 함께 2015년 국제 학술지에 발표한 전자산업 여성 노동자의 자연유산 위험에 대한 논문[1]을 보고 연락해온 것이었다. 그는 반도체 부문을 전문적으로 다루는 경제 기자라고 자신을 소개하면서, 우리 논문에 대한 배경 설명을 듣고 싶다고 했다. 막상 만났을 때에는 취재원인 나보다 그가 더 많은 말을 했다. 기자도 나에게 들려주고 싶은 이야기가 많았던 것이다.

미국에서 1990년대 반도체의 건강 피해, 특히 생식독성에 대한 우려가 커지면서 규제를 강화하고 사용도 금지시켰는데 한국에서 이 문제가 여전하다는 게 믿어지지 않는다고 했다. 그는 한국을 방문하기 전에 1984~1986년 미국에서 반도체 사업장의 생식독성 연구를 처음으로 수행한 해리스 파스티데스(Harris Pastides) 교수를 직접 만났다고 했다. 1988년에 발표된 그의 논문[2]은 우리에게도 중요한 참고 자료였다. 반도체 공장 여성 노동자들의 유산 위험이 높다는 그의 연구 결과가 발표된 이후 미국에서는 이에 대해 본격적인 조사가 이루어졌다. 반도체산업협회에 속한 14개 회사, 42개 공장, 그리고 가장 규모가 큰 IBM 사업장에 대한 조사 연구가 각각 이루어졌고 1992년에 첫 연구 결과가 발표되었다. 노동자나 소비자 건강 피해에 대한 연구는 타당성과 공정성을 두고 논란이 벌어지는 경우가 많다. 기업 측이 수행하거나 후원한 연구에서 위험이 과소평가되거나 심지어 은폐되는 사례들도 적지 않았기 때문이다. 그런데 이들 연구는 모두 기업이 후원한 것임에도 불구하고, 반도체 생산 공정에 노출된 여성 노동자의 유산 위험이 뚜렷이 높아지는 결과가 일관되게 관찰되었다.

산업계는 재빠르게 행동했다. EGE라는 독성 화학물질을 원인으로 지목하며 이를 제조공정에서 퇴출시키기로 결정한 것이다. 파스티데스 교수는 이를 공중보건 역사에서 가장 위대한 승리 중 하나로 느꼈다고 인터뷰에서 털어놓았다. 자신의 논문이 여러 세대의 여성들을 돕는 결과로 이어지다니 "공중보건의 동화(fairy tale)" 같았다는 것이다.³ 그랬던 그가 20년 후 지구 반대편 여성 노동자들이 여전히 비슷한 고통을 받고 있다는 소식을 듣고 "공중보건의 패배"라며 낙담했다는 이야기를, 그 기자는 전해주었다. 1990년대 중반, 사회적 논란이 커지면서 미국 반도체 산업은 자체 생산 라인을 대폭 축소했다. 그리고 한국의 삼성, 하이닉스 같은 회사와 대규모 구매 계약을 체결하며 생산 기지를 이전했다. 미국에서는 개발과 설계만 담당하고 실제 제품 생산은 인건비가 저렴하고 규제도 느슨한 해외 국가들에서 맡는 '글로벌 공급망'이 구축된 것이다. 이렇게 생산의 거점이 옮겨지면서 위험도 함께 이전되었고, 공중보건의 동화는 슬픈 결말을 맞게 되었다. 레이온에서 반도체에 이르기까지, 화학물질의 종류와 생산 품목은 달라졌지만, 생산의 이전과 그에 따른 위험의 이전은 세계적 차원에서 현재 진행형이다.

인체에서 여덟 번째로 풍부한 원소

이황화탄소 이야기를 하느라 아직 주인공인 '황'에 대해서는 말도 꺼내지 못했다. 사실 원소기호 16번 황 자체는 대단한 악마의 물질이 아니다. 순수한 황 원소는 냄새가 없고 독성도 없다. 일상생활의 다양한 분야에 활용될 뿐 아니라 생명체의 필수 요소이기도 하다. 성냥, 고무, 살충제와 살균제, 헤어펌 제제, 페인트 제조에 황은 필수적인 재료다. 산업 영역에서는 황산 형태로 비료 제조에 사용되는 수량이 가장 많다. 의약품에도 널리 사용되어, 인류가 개발한 최초의 항생제 페니실린의 주요 성분이다. 또한 황은 우리 몸을 구성하는 중요 원소 중 하나이다. 인체에서 여덟 번째로 풍부한 원소로, 몸무게 70kg인 사람의 몸에는 황이 약 140g 포함되어 있다고 한다. 황은 피부 조직, 특히 이황화(S-S) 결합 형태로 머리카락과 손발톱의 케라틴을 구성한다. 세상에는 수많은 종류의 단백질이 존재하며 각기 다른 고유한 기능을 갖는데, 이러한 기능은 단백질의 구조에서 비롯된다. 이때 복잡하게 접혀 있는 단백질 모양을 결정하는 것이 바로 수소 결합과 이황화 결합이다.

  하지만 굳이 이황화탄소가 아니더라도, 황의 대중적 이미지는 그리 긍정적이지 않다. 고대부터 그랬다. 주로 화산, 온천 근처에서 자욱한 수증기를 배경으로 독특한 냄새와 함께 발견되는 노란 덩어리였으니, 신비로우면서도 두려운 물질이었으리라. 이름부터가 그렇다. 산스크리트어로 '불의 근원(sulvere)'이라는 단어에서 라틴어 'sulphurium'이 유래했고 이것이 변형

불의와 타락으로 심판받는 성서 속 도시 소돔과 고모라를 태우는 불벼락도 유황불이다.

존 마틴, 〈소돔과 고모라의 멸망〉(1852), 영국 레잉미술관.

되어 현재의 '황(sulfur)'이라는 이름을 갖게 되었다. 구약 성서에서 소돔과 고모라를 응징하는 데 사용된 불벼락이 유황불이고, 지옥의 꺼지지 않는 불꽃도 무려 444.7℃의 끓는점을 가진 유황이다.

어느 날 지하철에서 나에게 열심히 하나님의 말씀을 전파하던 분은 도저히 내가 넘어가지 않자 "천국에 가고 싶지 않으세요?"라고 물었다. 나는 대답했다. "아뇨, 저는 지옥 가고 싶은데요." 그분은 옆 칸으로 도망갔다. 꺼지지 않는 지옥 불이라면 인류가 꿈꿔온 무한동력, 거절할 이유가 없다. 파인만, 호킹, 힉스, 슈뢰딩거, 아인슈타인 같은 일류 과학자들도 신을 믿지 않는다는 불경죄로 이미 그곳에 가 있을 터, 무한동력을 이용하여 일찌감치 기술 문명을 꽃피우고 있을 가능성이 크다. 무한동력이 있으니 냉방과 환기 장치도 걱정이 없다. 더글러스 애덤스, 커트 보니것 같은 유쾌한 작가들과 많은 SF 작가들도 나보다 먼저 가서 자리 잡고 있을 테니 심심할 걱정도 없다. 무엇보다, 동성애 반대하는 부채춤을 보지 않아도 되고, 임신중지가 죄악이고 진화론은 엉터리인 데다 동성애가 사회주의 혁명 수단이라는 기기괴괴한 소리를 더 이상 듣지 않아도 되니 눈살 찌푸릴 일도 없다. 직업병 걱정 없이, 쾌적한 환경에서, 유쾌한 동료 시민들과 신비로운 푸른색 불꽃으로 이글거리는 유황 지옥 불을 불멍할 수 있다면 멋진 일 아닌가?

나트륨

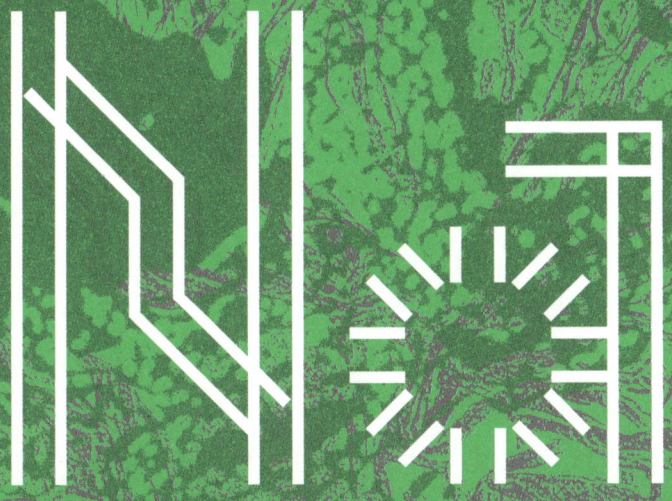

소금을 둘러싼 아이러니

주기율표에 있는 118개 원소 중에서 사람들 입에 가장 많이 오르내리고, 가장 많이 미움받는 원소를 하나 꼽으라면 단연 나트륨(Na)일 것이다. 우주의 첫 번째 원소 수소는 물론이고, 방사선을 내뿜는 라돈(Rn)이나 치명적 독성을 지닌 비소(As)처럼 악명을 떨치는 원소들조차 대적하기 어렵다. 이들이야 가끔 사건, 사고가 일어나는 경우에만 주목받지만 나트륨은 다르다. 편의점에서 집어 든 감자칩, 온라인쇼핑몰에서 주문한 라면과 즉석조리 식품 포장지, 식당 메뉴판, 어디에서나 나트륨이라는 이름과 마주친다. TV 뉴스와 신문 기사, 생활정보 프로그램, 소셜미디어, 보건소에서 내건 현수막과 포스터에도 나트륨은 단골 주인공이다. 우리 일상 어디에나 나트륨의 '마수(魔手)'가 뻗치지 않은 곳이 없다고 해도 과언이 아니다.

이렇게 온 사회가 나트륨에 민감하게 반응하고 주의와 경고를 아끼지 않는 것은 나트륨 섭취가 많아지면 고혈압 발생 위험이 증가하기 때문이다. 나이가 들면서 흔하게 발병하는 고혈압은 뇌졸중과 급성심근경색, 만성 심부전, 만성 콩팥병, 실명 등의 중요한 '위험 요인'이다. 지난 2023년 사망 원인을 살펴보면 암 사망률이 1등이지만(166.7/10만 명), 심장질환(64.8명) 2위, 뇌혈관질환(47.3명) 4위, 고혈압성 질환(15.6명) 8위를 차지할 만큼 고혈압과 관련된 질병 부담이 상당하다.

이 정도 악당이라면 아예 섭취를 금지해야 마땅하겠지만, 그건 가능하지 않고 바람직하지도 않

일상 어디서나 '나트륨'과 마주치게 된다. 라면 한 봉지면 세계보건기구에서 권장하는 하루 나트륨 권고 섭취량을 거뜬히 채운다. 물론 김치를 곁들이지 않았을 때 얘기다.

다. 원소기호 11번 나트륨(Na)은 인간, 아니 동물의 생존에 없어서는 안 될 중요한 역할을 하고 있기 때문이다. 그중 하나가 '삼투압' 현상이다. 크기가 큰 용질 분자는 통과할 수 없지만 용매는 통과할 수 있는 막을 반투막(半透膜)이라고 한다. 이 반투막을 사이에 두고 농도가 다른 두 용액이 존재할 때, 농도가 낮은 쪽으로부터 높은 곳으로 용매가 이동하여 평형을 이루는 현상을 삼투압이라고 한다. 김치를 담글 때 세척한 배추에 소금을 뿌려두면, 배추 세포 안쪽보다 바깥쪽의 농도가 높기 때문에 배추 세포 안의 물기가 세포 바깥으로 빠져나가며 배추의 숨이 죽는 것이 대표적인 사례다.

우리 몸에서도 이런 일이 일어난다. 나트륨은 '세포외액

(extracellular fluid)'에 양이온 형태로 풍부하게 녹아 있다. 세포외액의 나트륨 농도가 낮으면 세포 안으로 수분이 이동하고, 반대로 세포외액의 나트륨 농도가 높으면 세포 안에 있던 수분이 빠져나온다. 이 과정을 통해 우리 몸에 존재하는 수분의 분포와 혈액의 부피가 조절되며 균형을 이룬다. 그런데 만일 나트륨을 지속적으로 많이 섭취해서 혈중 농도가 높아지면, 삼투압에 의해 물을 끌어당겨 혈액의 부피가 늘어나고 이는 혈관벽에 더 큰 압력을 가하게 된다. 이게 바로 고혈압이다. 또한 이렇게 고(高)나트륨혈증 상태가 지속되면 나트륨 배출에 중요한 역할을 하는 콩팥이나 알도스테론, 항이뇨호르몬의 조절에도 문제가 생길 수 있다. 과로 끝에 번아웃이 오는 셈이다.

이런 위험 때문에 세계보건기구는 성인의 나트륨 섭취량을 1일 2000mg, 소금(NaCl)으로 치면 5g을 넘지 않도록 권고하고 있다. 작은 티스푼에 소금 6g을 담을 수 있으니, 설렁탕에 소금을 약간 넣고 깍두기 몇 점 집어 먹으면 한 끼에 하루 권장량을 넘기는 것은 일도 아니다. 게다가 소금 간을 따로 하지 않아도 고기와 고기 국물이라는 '동물 세포' 안에 이미 상당한 양의 나트륨이 포함되어 있다. 라면, 찌개, 국, 김치처럼 한국인들이 평소에 즐겨 먹는 음식들의 나트륨 함량은 상당히 높다. 질병관리청에서 시행한 국민건강영양조사에 의하면, 19세 이상 성인의 1일 나트륨 섭취량은 2022년 기준 3178.9mg으로 세계보건기구 권장량의 1.5배가 넘는다. 그나마 희소식은 캠페인과 인식 개선 덕분에 섭취량이 꾸준히 감소하고 있다는 것이다. 실제로 2001년 조사에서는 평균 섭취량이 5444.8mg이나 되었다.

간혹 죽염 같은 제품은 특별한 효과 덕분에 고혈압 걱정 없이 섭취할 수 있고 심지어 혈압을 낮출 수도 있다는 이야기를 듣는다. 하지만 어떻게 가공하든 소금의 주성분은 염화나트륨(NaCl)이며, 미네랄 성분이 독특한 풍미를 주기는 하지만 삼투압에 작용하는 나트륨 원소의 속성 자체가 바뀌는 것은 아니다. 실제로 세계에서 가장 큰 의학데이터베이스 펍메드(PubMed)를 검색해도 죽염이 고혈압에 도움이 된다는 논문은 단 한 편도 찾을 수 없다.

나트륨이 우리 몸에서 사라진다면

나트륨의 역할은 삼투압 조절에만 머무르지 않는다. 생명 활동 자체에 없어서는 안 될 원소이다. 동물의 세포막에는 세포 내외부로 나트륨과 칼륨 이온을 이동시키는 'Na-K 펌프'가 존재한다. 펌프라는 단어에서 짐작할 수 있듯 이는 삼투압처럼 압력 차에 의해 '흘려보내는' 것이 아니라 적극적으로 에너지를 써가며 이온을 이동시킨다. Na-K 펌프가 열심히 일을 하며 세포 안에 있는 나트륨 이온을 배출하기 때문에 세포 바깥의 나트륨 이온 농도는 세포 안쪽에 비해 약 10배 정도 높게 유지될 수 있다. 신경세포에서 전기 혹은 화학적 자극에 의해 이 채널을 통해 나트륨 이온이 세포 안으로 갑자기 유입되면 세포 내부의 전위가 일시적으로 높아지는데 이를 활동 전위(action potential)라고 부른다. 이어서 세포 내부의 포타슘 이온(K^+)을 배출하면서 전

우리가 먹는 음식부터 세제, 비누 등의 생활용품에서 흔하게 마주하는 나트륨은
사실 '금속'에 속하는 원소다.

위는 제자리를 되찾게 되는데, 이러한 신호가 연속적으로 전파되면서 신경 자극이 전달된다. 만일 나트륨이 우리 몸에서 사라진다면, 이 모든 기능이 중단된다.

그래서 나트륨 농도가 지나치게 낮은 것도 위험하며, 생리학적 최소 필요 섭취량도 존재한다. 우리가 먹는 많은 식재료에 나트륨이 함유되어 있기 때문에 보통 상황에서는 저나트륨혈증에 빠질 가능성이 낮다. 하지만 체내 나트륨 농도를 조절하는 내분비계에 장애가 생기거나 땀을 너무 많이 흘린 상태에서 물만 마시게 되면 저나트륨혈증이 될 수 있다. 땀은 단순히 물이 아니라 다양한 전해질, 특히 나트륨과 염소, 즉 소금 성분이 많이 함유되어 있다. 땀을 많이 흘려 이러한 전해질 성분이 많이 배출되었는데 물만 마시게 되면 혈중 나트륨 농도가 낮아지게 된다. 그러면 혈압 저하는 물론 전해질 불균형으로 경련이 일어날 수 있다. 심해지면 사망에 이를 수도 있다. 그렇기에 마라톤 경기에 참여하거나 한여름 고강도 신체 작업을 하는 경우에는 물만 마시는 게 아니라 소금을 같이 섭취하도록 한다. 쇼크에 빠지거나 탈수 증상이 심해서 정맥주사를 투여할 때에도 맹물이 아니라 생리식염수, 0.9%의 $NaCl$ 용액을 사용한다.

보통 사람에게 나트륨은 곧 소금과 동의어지만, 나트륨 화합물 전체에서 소금이 차지하는 비중은 아주 작다. 전 세계 나트륨 생산량은 연간 약 3억 톤에 달하는데 그 대부분은 다양한 화학물질 제조에 쓰이고 있다. 예컨대 유리, 종이, 비누, 섬유 등 다양한 소비 상품을 만드는 데 필수 원료이며, 액체 나트륨은 핵발전소 냉각제로 쓰이기도 한다. 당장 집 안을 둘러봐도 소금

이외에 여러 가지 소비 제품에서 나트륨을 쉽게 만날 수 있다. 대표적으로 세제(Na_2CO_3, 탄산나트륨), 베이킹소다($NaHCO_3$, 중탄산나트륨), 비누(NaOH, 수산화나트륨) 등이 있다.

먹는 소금을 생각하면 뜻밖이지만, 나트륨은 포타슘, 리튬 등과 함께 알칼리 '금속'에 속하는 원소다. 무르고 은백색을 띠며 매우 반응성이 높은데, 그렇기 때문에 자연계에서 순수한 금속 형태가 아니라 다양한 화합물 형태로 존재한다. 나트륨은 지구상에서 여섯 번째로 흔한 원소로서, 앞서 소개한 각종 화합물은 대부분 염화나트륨을 이용하여 생산하며, 이는 대개 지하의 암염(巖鹽)으로부터 채취한다. 하지만 우리에게 염화나트륨, 즉 소금을 생산하는 가장 친숙한 방식은 바닷물을 햇빛으로 증발시켜 소금을 생산하는 소금밭, '염전'이다.

소금의 가치와 인간의 가치

쓸쓸하지만, 대한민국에서 '염전'의 자동 완성, 연관 검색어는 '노예'다. 우리 사회를 충격에 빠뜨렸던 2014년 '신안군 염전 노예' 사건 때문에 벌어진 일이다. 월급쟁이들이 스스로를 '회사의 노예'라고 표현하며 자조적 농담을 내뱉기도 하지만 실제 상황은 정말 심각했다. 물론 시대극에서 그려지는 것처럼 발목에 쇠사슬을 차고 채찍질을 당하는 모습은 아니었지만 말이다.

이미 10년이 지나 사람들의 기억이 흐려질 무렵, 또 다른 일이 벌어졌다. 2025년 4월, 미국 관세국경보호청(CBP)이 국내기업 '태평염전'의 소금 제품에 대해 '인도 보류 명령'을 발령한 것이다. 이는 미국 항구로 통관되는 소금 제품을 압류하고 수입을 원천 중단시키는 매우 엄중한 조치이다. 이런 조치가 내려진 이유는 이곳에서 생산한 소금이 '강제 노동 상품'으로 규정되었기 때문이다.

전남 신안군에 위치한 태평염전은 연간 1만 6천 톤가량의 소금을 생산하는 국내 최대 규모의 단일 염전이다. 2021년 5월, 태평염전 산하 염전에서 일하던 노동자가 탈출하여 2014년의 염전 노예 사건이 여전히 현재 진행형이라는 사실을 폭로했다. 그는 하루 17시간 일했지만 급여를 제대로 받지 못했다. 사업주는 월급을 노동자 통장에 입금한 다음에 인출하게 해서 그 돈을 갈취했고, 장애가 있는 노동자들을 사실상 감금 상태에서 착취했다.[1] 미 당국의 발표 자료에는 "태평염전을 조사하는 과정에서 취약성 악용, 속임수, 이동 제한, 신분증 압수, 열악한 생활 및 근무 조건, 협박 및 위협, 물리적 폭력, 채무 속박, 임금 유보, 과도한 초과 근무 등 국제노동기구(International Labour Organization, ILO)의 강제 노동 지표를 확인했다"고 명시되어 있다. 사실 미국이 이러한 조치를 취한 것은 노동자 인권에 특별히 관심이 있어서가 아니다. 법률을 준수하는 기업은 강제 노동을 통해서 시장가보다 저렴한 제품을 생산하는 기업과 공정한 경쟁을 할 수 없고, 이는 미국 경제에 위협이 된다고 판단했기 때문이다. 노동이나 인권 담당 부서가 아니라 무역 관련 부서가 나선 이유다.

국제노동기구는 이미 1930년에 '강제 노동 금지 협약(No.29)'

대한민국에서 '염전'의 자동 완성, 연관 검색어는 '노예'다.

신안 증도에 위치한 국내 최대 규모의 태평염전. 2021년 5월, 이곳에서 2014년의 '염전 노예 사건'이 되풀이되었다. 미국은 태평염전의 소금 제품 수입을 원천 중단하는 '인도 보류 명령'을 발령했다. ⓒ연합뉴스을 채택했다. 이는 벌칙의 위협하에서, 자발적으로 제공하지 않은 모든 업무나 서비스를 강제 노동으로 정의하고 있다. 한국도 늦기는 했지만 지난 2021년 4월 협약에 비준했고 2022년부터 협약이 발효되었다. 그런데도 이런 사건이 벌어진 것이다. 뿐만 아니라 불법이 명백한 염전 노예 사건 이외에도 협약 위반의 가능성이 높은 합법적 제도가 국내에 존재한다. 외국인 노동자 대상의 고용허가제가 그것이다. 이 제도를 통해 국내에 입국하여 취업한 노동자는 자의적으로 사업장을 변경할 수 없다. 법령에서 정한 사유에 해당할 때에만 변경이 가능한데 이때에도 횟수에 제한이 있다. 고용노동부 고시는 '근로조건 위반'과 '부당한 처우' 등을 언급하며 "외국인 근로자의 책임이 아닌 사유로 사회 통념상 그 사업 또는 사업장에서 근로를 계속할 수 없게 되었다고 인정하는 경우"에는 사업장을 변경할 수 있다고 했다. 하지만 현실은 많이 다르다. 이러한 요건을 충족하지 못한 상태에서 자의로 사업장을 이탈하는 순간, 혹은 자의로 이탈했다고 사업주가 신고하는 순간 노동자는 '불법' 즉 미등록 상태가 된다.

아직도 기억나는 사례가 있다. 2015년, 메르스가 유행하던 시기였다. 경남 지역에서 일하던 이주노동자가 휴일을 맞아 모처럼 수도권 인근에서 일하는 남편을 만나러 다녀온 일이 있었다. 방문 직후 감기 증상이 나타나자 사업주는 메르스일지 모른다며 출근을 못 하게 했다. 출근을 못 한다는 것은 기숙사에서도 쫓겨난다는 것을 의미했다. 노동자는 의료기관 여러 곳에서 메르스 감염이 아니라는 진단서를 떼어왔지만 소용이 없었다. 사업주는 "이 병 다 지나가면 오라"고 이야기했다. 작업장 외에는 가본 곳도 없고 아는 사람도 없었기에 그는 "있을 곳이 없다"며 들여보내 달라고 하소연했지만 사업주는 막무가내였다. 문제는 여기에서 끝나지 않았다. 이후 노동자가 노동단체 활동가와 함께 찾아가 부당한 조치에 항의하자 사업주는 사과는커녕 "쉬는 날 쉬어야지, 왜 서울 갔어? 내가 너 서울 가라고 했냐?"라면서 근무지 무단 이탈로 신고를 해버렸다. 사업주에게 전가의 보도, 바로 고용허가제가 있기에 가능한 일이었다.[2] 노동자들은 이런 상황을 피하기 위해 가혹한 노동조건과 부당한 대우도 견뎌내야 한다. 원하지 않음에도 불구하고 위협 때문에 비자발적으로 일을 계속할 수밖에 없게 만드는 제도라는 점에서 고용허가제는 강제 노동의 정의에 상당히 들어맞는다. 그리고 이러한 강제 노동은 '랜덤'하게 존재하는 것이 아니라, 노동시장에서 협상력이 낮은, 매우 취약한 조건에 놓인 이들에게 집중된다.

'영원한 지도위원' 김진숙의 책 《소금꽃나무》(후마니타스, 2007)에 이런 문장이 실려 있다. "한진중공업 다닐 때, 아침 조회 시간에 나래비를 쭉 서 있으면 아저씨들 등짝에 하나같이 허연 소금꽃이 피어 있고 그렇게 서 있는 그들이 소금꽃나무 같곤 했습니다. 그게 참 서러웠습니다. 내 뒤에 서 있는 누군가는 내 등짝에 피어난 소금꽃을 또 그렇게 보고 있었겠지요, 소금꽃을 피워내는 나무들. 황금이 주렁주렁 열리는 나무들. 그러나 그 나무들은 단 한 개의 황금도 차지할 수 없는……"

소금이 없다면, 좀 더 구체적으로는 나트륨이 없다면, 인간을 포함한 동물들은 잠시도 그 생명을 유지할 수 없다. 그럼에도 소금을 생산하는 사람, 자신의 등짝에 소금꽃을 피워내는 사람들의 값어치는 보잘것없다. 세상의 '빛과 소금' 같은 존재가 되라고 가르치지만 정작 그 소금을 온몸으로 만들어내는 존재는 '아무것'도 아니다. 세상은 아이러니로 가득 차 있다.

납

지능을 망치러 온 지성의 구원자

2000년대 중반 잠시 미국에 살았던 적이 있다. 처음 해외살이였지만, 이미 인터넷으로 세계가 연결되어 있었고 대중문화에서 지겹게 보았던 터라 특별히 새로울 것은 없었다. 문화충격이라면 지하철에서 휴대전화가 터지지 않는다는 점. 그 시절에 이미 한국에서는 도심 지하철은 물론 지리산 천왕봉, 울릉도 앞 작은 섬에서도 거침없이 신호가 터지고 있었으니 말이다. 1990년대 나를 사로잡았던 미국 드라마 〈엑스파일(X-Files)〉에 FBI 요원들이 벽돌 휴대전화로 언제 어디서나 통화하는 것을 두 눈으로 똑똑히 보았는데 이게 무슨 일이란 말인가. 혼자 배신감을 느꼈다. 굳이 그럴 필요는 없었지만 나는 기억의 진위를 확인한다는 명분으로 동네 공공 도서관에서 DVD를 빌려 복습 대장정을 시작했다. 그렇게 동네 도서관 DVD 서고를 들락거리다 우연히 〈코스모스(COSMOS)〉와 마주쳤다. 우주를 동경하는 전 세계 청소년들의 필독서, 내가 어릴 적 읽었던 바로 그 《코스모스》의 자매 다큐멘터리였다. 어쩌면 국내에서 방영되었을 수도 있지만 나는 본 적이 없었다. 영상에는 생전의 칼 세이건

(Carl Sagan) 박사가 직접 출연하여, 우리 모두는 별들로부터 만들어졌음(We're made of star stuff)을 일깨우며 경이로운 우주와 인류의 지적 여정을 들려주었다. 다큐멘터리는 소설이나 영화에서 느껴보지 못한 전혀 새로운 종류의 감동, 그리고 책과는 다른 '연결감'을 주었다. 첫 에피소드가 끝나기도 전에 그는 나의 '스승님'이 되었다. 사실 칼 세이건은 맹신과 유사 과학을 열렬하게 비판한 과학자 중 한 명이다. 그의 저서 《악령이 출몰하는 세상: 과학, 어둠 속의 촛불》(사이언스북스, 2022)에서 맹신과 유사 과학의 대표 사례로 언급한 외계인 납치설과 정부의 음모론은 내가 즐겨 보던 〈엑스파일〉의 핵심 플롯이었다. 그래도 〈엑스파일〉 덕분에 〈코스모스〉와 그 후속편을 시청하고 스승님의 다른 책들도 열심히 찾아 읽게 되었으니 배은망덕은 면했다고 말할 수 있다.

2014년에 제작·방영된 〈코스모스〉 속편은 '스승님'의 부재를 실감하게 했지만, 1980년 원작 이후의 과학적 진보와 더불어 그동안 대중에게 잘 알려지지 않았던 과학적 성취의 뒷이야기를 보여준 수작이었다. 그중 '클린룸(The Clean Room)' 에피소드는 보건학 전공자라면 잊을 수 없는 한 과학자의 여정을 소개하고 있다.

이야기의 주인공 클레어 패터슨(Clair Patterson)은 20대 초반에 맨해튼 프로젝트에 참여할 만큼 촉망받는 지질화학자였다. 그는 질량분석기를 사용해 원자폭탄에 쓰일 우라늄 동위원소를 집적하는 일을 맡았다. 전쟁이 끝나고 박사과정에 진학

1957년 지질학자 클레어 패터슨이 미량의 납을 추적하기 위해 시약을 재증류하고 있다.
©Caltech Archives and Special Collections

해서는 동위원소 측정 기법을 활용하여 지구의 나이를 추정하는 연구에 참여했다.

그때까지 지구 나이는 성경에 따른 6000년에서부터 33억 년까지 다양한 가설이 존재할 뿐이었다. 그가 속한 연구팀은 일찌감치 측정 방법을 확립했다. 시간이 흐름에 따라 우라늄 동위원소가 자연 붕괴되면서 납 원소가 생성되는데, 우라늄의 반감기가 일정하기 때문에 특정 광물에서 우라늄과 납의 구성비를 계산하면 광물의 생성 나이를 추정할 수 있다는 것에 착안한 방법이었다.

하지만 실험은 번번이 장벽에 부딪혔다. 납 함량 측정 결과가 너무 들쭉날쭉했던 것이다. 심지어 비어 있는 대조 표본에서조차 납이 검출되었고, 아무리 실험실을 쓸고 닦아도 문제는 해결되지 않았다. 이 문제는 패터슨이 캘리포니아 공과대학에 교수로 부임하여 새로운 실험실을 만들고 나서야 해결되었다. 그는 환경에 존재하는 납의 영향을 완벽하게 차단하기 위해 노력했다. 실험실 외부로부터의 공기 유입을 차단했을 뿐 아니라 납으로 된 배관, 납으로 피복된 전기선까지 모두 교체했다. 측정 장비와 시약도 산성 용액으로 세척하고 증류 과정을 거치는 등 집착에 가까운 노력으로 그는 역사상 가장 완벽한 '클린룸'을 만들 수 있었다. 그리고 1956년, 그의 연구팀은 지구 생성 시기에 떨어진 운석의 지르콘 결정에 함유된 '순수한' 납 함량을 측정함으로써 마침내 지구 나이 측정에 성공했다.[1]

그런데 여기에서 이야기는 뜻밖의 길로 접어든다. 그는 실험 내내 그를 괴롭혔던 납 오염, 도처에 존재하는 납이 대체 어디에서 유래한 것인지 궁금증을 갖게 되었다. 그는 다양한 환경 표본에서 납 함량을 측정하기 시작했다. 그 결과 18세기 산업혁명 이후 과거에 비해 대기 중 납 함량이 300배 이상 상승했고, 특히 최근 30년 동안 상승세가 두드러진다는 것을 확인했다. 그는 배출원에 대한 다양한 가설을 검토한 끝에, 1923년 유연휘발유의 등장이 납 오염과 밀접한 연관성이 있다고 결론 내렸다. 이 결과는 1963년 학술지 〈네이처〉에 발표되었다.[2]

예상할 수 있듯, 막강한 돈과 권력을 가진 정유산업은 청부 과학자를 동원하여 그의 연구를 비판했다. 한편으로는 연구 자금으로 회유를, 다른 한편으로는 정부와 대학이 연구 지원을 중단하도록 압력을 가했다. 심지어 그를 정신 나간 괴짜 과학자로 그리며 인신공격까지 서슴지 않았다. 그러나 실험밖에 모르는 집착왕 패터슨도 포기하지 않았다. 그는 자신의 가설이 옳다는 것을 입증하기 위해 대서양과 태평양의 심해, 남극과 북극, 요세미티 설산, 화산 분화구에 이르기까지 지구 방방곡곡을 다니며 다양한 시기와 환경 특성을 반영하는 지질 표본을 채취했다. 4500년 된 페루의 인체 유골, 2000년 된 이집트 미라의 납 함량도 그의 분석 대상이었다.

어린이 12만 5000명의 생명을 구한 조치

결과는 일관되게 나타났다. 현대의 납 수준은 결코 '자연스러운' 것으로 볼 수 없었다. 미국인 신체의 납 농도는 고대인의

600배에 달했다. 이제 납은 작업 현장에서 이를 다루는 일부 노동자의 '직업병' 문제를 넘어서, 모든 사람, 특히 어린이에게까지 영향을 미치는 심각한 공중보건 문제임이 분명해졌다. 패터슨의 주장을 뒷받침하는 증거들도 점차 늘어났다. 특히 1979년에는 낮은 농도의 납도 어린이들에게 학습장애를 일으킬 수 있다는 중요한 논문이 발표되었다.³

이렇게 증거가 점차 쌓여가면서 1975년 미국 환경보호청은 유연휘발유 규제를 시작했다. 그리고 패터슨이 세상을 떠난 1년 뒤인 1996년, 유연휘발유는 미국 내에서 완전히 금지되기에 이르렀다. 이러한 조치와 더불어 인체의 납 농도는 빠르게 낮아지기 시작했다. 유연휘발유 사용 중단은 20세기 공중보건의 가장 큰 성취 중 하나로 평가받는다. 2011년 연구에 따르면, 유연휘발유 금지 조치는 세계적으로 연간 100만 명의 조기 사망, 특히 12만 5000명의 어린이 사망을 예방한 것으로 추정된다.⁴

패터슨이 납 오염에 이렇게 관심을 가진 것은 그의 실험을 망치는 주범이기 때문만은 아니었다. 납의 인체 유해성이 이미 오래전부터 잘 알려져 있었기에 그는 이 문제를 심각하게 여기지 않을 수 없었다. 납의 유해성이 잘 알려진 것은, 역설적으로 납이 워낙 유용하고 친숙한 물질이었던 탓이다. 주기율표의 82번째 원소 납의 원소기호는 Pb, '무른 금속'을 뜻하는 라틴어 'Plumbum'에서 따왔다. 납을 뜻하는 한자어 연(鉛)은 쇠(金)와 늪(㕣)을 합친 것으로 라틴어 어원과 비슷한 의미를 갖는다. 납은 다양한 광물에서 추출할 수 있어 구하기 어렵지 않고, 견고

지능을 망치러 온 지성의 구원자

패터슨은 납 오염과 유연휘발유의 관련성을 입증하기 위해 남극 탐험대에 합류했다.
©Caltech Archives

대서양과 태평양의 심해, 남극과 북극, 설산, 화산 분화구에 이르기까지 지구 방방곡곡을 다니며 지질 표본을 채취한 결과, 현대의 납 수준은 결코 '자연스러운' 것으로 볼 수 없었다.

하면서도 무른 특성을 지니며 녹는점도 상대적으로 낮기에 다루기 쉽고 활용성이 크다. 기원전 6500년 무렵 인류가 최초로 제련한 금속이라고 알려졌을 만큼 예로부터 광범위하게 활용되었다. 로마제국에서는 상수관, 식기, 거울, 동전, 심지어 화장품과 와인 감미료에까지 납을 이용했다.

납의 유용성은 여기에서 그치지 않는다. 짧은 파장의 전자기파(감마선, 엑스선)를 흡수하는 성질 덕분에 방사선 장비를 사용하는 수술실이나 혈관조영실 방호복에도 사용된다. 요즘은 더 가볍고 안전한 재료로 대체되고 있지만, 방사능 차폐 능력 측정에는 여전히 mmPb라는 납의 단위를 사용한다. 또한 가공하기 쉬우면서 저렴할 뿐 아니라 무겁다는 장점도 있다. 중량 때문에 가속 시 운동에너지가 크고 바람의 영향을 덜 받을 수 있어서 탄환으로도 적격이다. 저렴하고 효율적인 축전지를 만드는 데에도 활용되며, 독특한 색조를 만들어내고 견고함을 더할 수 있기에 페인트에도 납을 첨가했다. 20세기 초, 자동차 엔진의 회전 속도가 늦을 때 발생하는 노킹을 해결하고 엔진 효율을 높이기 위해 휘발유에 여러 가지 물질을 첨가하며 시험했는데, 그중 가장 완벽한 물질이 테트라에틸납(Pb(C_2H_5)$_4$)이었다. 이렇게 유연휘발유가 탄생했다.

쓰임새만 본다면 이보다 더 완벽한 금속이 없을 것 같지만, 납은 심각한 건강 문제를 초래한다는 치명적 단점이 있다. 한때는 로마제국이 멸망한 원인 중 하나가 납중독에 의한 인구 집단의 건강 쇠약이었다는 가설이 지지를 받기도 했다. 납 채굴 기

납

술자의 건강 문제는 기원전 4세기경 히포크라테스도 언급한 바 있고, 산업혁명 시기 영국에서는 노동자의 납중독에 대처하기 위한 별도의 규제가 존재했다. 외부에 제대로 알려지지 않았을 뿐, 1920년대 유연휘발유 생산 공장 노동자들은 납중독으로 고통을 겪었다.

납은 인체에 흡수되어 헤모글로빈 합성에 관여하는 효소를 억제하기 때문에 빈혈을 일으키며, 고혈압, 만성 신부전, 불임 등 건강 문제를 초래한다. 무엇보다 신경독성이 심각한데, 특히 아동기 노출은 인지기능 저하의 원인이 된다. 2022년 미국국립과학원회보(PNAS)에 발표된 논문은 시대별 아동의 혈중 납 농도 자료, 유연휘발유 사용량, 인구통계 등을 활용하여, 1940년대 이래 유연휘발유가 갉아먹은 미국인 IQ 점수의 총점이 2015년 기준 8억 2400만 점에 달한다고 추정했다.[5]

납의 신경독성이 워낙 명백하다 보니 납-범죄 가설을 지지하는 이들도 있다. 유연휘발유 사용이 정점에 달했던 1960~1970년대에 태어나 성장한 어린이들이 고농도 납에 노출되어 지능 저하와 충동 행동, 사회적 공격성이 높아졌고, 그에 따라 폭력 범죄가 늘어났다는 것이다. 1990년대 이후 여러 선진국에서 폭력 범죄가 감소한 것은 유연휘발유 금지 덕분에 어린이 납 노출이 줄어든 것과 관련 있다는 가설이다. 비슷한 시기에 일어난 다른 요인들도 있었기 때문에 (대표적으로《괴짜경제학》의 저자 스티븐 레빗은 임신중지 합법화가 범죄율 감소의 원인이라고 주장했다) 이 가설은 아직 충분히 검증되지 않았다. 그러나 납의 신경독성 자체는 과학적으로 입증된 심각한 문제이며, 국제적으로 납의 '안전한 허용 기준'은 존재하지 않는다. 노출되지 않는 것이 정답이다.

'플린트 물 사태'의 교훈

이제 휘발유와 페인트 등 대부분의 생활용품에서 납이 퇴출되었다. 그래서 건강 피해가 과거의 유산으로만 남아 있다면 좋겠지만, 납 문제는 현재 진행형이다. 〈코스모스〉 후속편이 방영된 2014년, 미국 미시간주 플린트시에 때아닌 '물 비상사태'가 벌어졌다. 플린트는 1908년 미국을 대표하는 자동차회사 제너럴모터스가 탄생한 도시다. 제2차 세계 대전 이후 경제 호황기에는 '자동차 도시'로 불리며 인구가 20만 명에 이를 정도로 번성했던 곳이다. 그러나 1980년대 세계화와 함께 자동차 공장들이 지역을 떠나며 지역 경제가 급속히 위축되었다. 인구는 전성기의 절반으로 줄었고 전체 인구의 45%가 빈곤층이었다.

    2011년, 시의 재정 적자가 2500만 달러에 이르면서 주정부는 플린트시에 위기 관리자를 급파하고 긴축재정에 돌입했다. 시는 재정 절감을 위해 지난 50년간 수돗물을 공급받았던 '디트로이트 상하수개발'과의 계약을 해지하고 플린트강으로 상수원을 변경했다. 이 강은 오래전부터 암암리에 산업 폐수가 버려지던 곳이다. 사전 처리를 제대로 하지 않은 부식성 강한 강물이 1901~1920년대에 설치된 납 파이프 상수관으로 유입되면서 상수관의 납 성분이 유출되기 시작했다.

2014년 4월 25일, 플린트강물을 이용한 수도 공급이 시작되자마자 주민들은 탁하고 악취가 나는 수돗물을 마주쳤다. 하지만 정부는 그저 물을 끓여 먹으라고만 안내할 뿐 별다른 조치를 취하지 않았다. 심각성은 기업이 먼저 알아차렸다. 그해 10월, 제너럴모터스 공장은 부품 부식을 우려하여 플린트강 수돗물 사용을 중단하고 다른 회사와 계약을 맺었다.

2015년 2월, 연방 환경보호청이 실시한 수질 검사에서 수돗물의 납 농도가 비정상적으로 높다는 점이 확인되었다. 3월에 열린 시의회에서 예전 상수원으로의 복귀를 결정했지만 시정부는 이를 거부했다. 7월에는 시장이 직접 대중 앞에서 수돗물을 마시며 안전성을 홍보하기까지 했다. 정부를 믿을 수 없게 된 주민들은 직접 대학 연구팀에 측정을 의뢰했다. 그해 9월 버지니아 대학 연구팀은 수백 가구의 수돗물 시료를 직접 분석하여 납 함량이 심각하게 높다는 것을 확인했다. 지역 병원의 소아과 연구팀도 2014년 이전에 비해 어린이 혈중 납 농도가 두 배 이상 높아졌다고 발표했다.[6] 플린트 물 사태는 전국구 스캔들이 되었다.

문제를 대응하는 과정에서 또 다른 문제가 생겨나기도 했다. 상수 소독을 위해 투입한 염소가 납과 결합하면서 수돗물의 염소 농도가 낮아졌고, 그러다 보니 소독 효과가 감소해 세균이 번식하게 된 것이다. 대장균이 발견되고 심지어 레지오넬라가 유행하여, 2014년 6월에서 2015년 10월까지 최소 87명의 레지오넬라 환자가 발생하고 12명이 사망했다. 이에 대응하기 위해 이번에는 염소 투입을 대폭 늘렸다. 그랬더니 발암물질인

위: 심각하게 부식된 납 파이프 상수관.
©Kelsey Pieper and Min Tang/Virginia Tech University
아래: 플린트 주민들이 2016년 1월 미시간주 외곽에서 시위를 벌이고 있다.
©Shannon Nobles

TTHM(total trihalomethane) 농도가 상승했다. 문자 그대로 설상가상이었다.

플린트 물 사태의 직접적 원인은 오래된 납 수도관과 오염된 강물이지만, 근본적 문제는 탈산업화에서 비롯된 극심한 빈곤, 가난한 유색인종 주민들의 이야기에 귀 기울이지 않는 뿌리 깊은 인종차별이었다. 일자리가 사라지고 빈곤과 불평등이 만연한 곳일수록 지역사회 공공 인프라에 더 많은 투자가 이루어져야 마땅하지만, 현실은 그와 반대다. 지역 세수가 줄어들어 재정 상황이 나빠지고 공공 투자는 더욱 줄어드는 악순환이 반복된다. 게다가 이렇게 낙후된 동네에 사는 빈곤층, 유색인종의 목소리는 무시되기 십상이다. 만일 부유층 밀집 지역에 이런 문제가 발생했다면 정부도 호들갑을 떨며 즉각 대응에 나섰을 것이다. 환경 피해는 무작위로 발생하지 않는다. 심지어 모든 사람이 유연휘발유에 노출되던 1980년대에도 가난한 유색인종이 밀집한 도심 지역의 납 오염은 더욱 심각했다. 예컨대 도심지 흑인 어린이의 55%가 상당히 유해한 수준의 혈중 납 농도를 보였다. 플린트 물 사태는 환경 부정의(environmental injustice) 사건들의 긴 목록에 또 하나의 사례를 추가한 것으로 볼 수 있다.

납은 아이러니한 금속이다. 인간의 지능을 갉아먹고 목숨을 빼앗으며 건강 불평등의 중심에 자리하지만, 한편으로 인류 지성을 꽃피우고 사회정의를 증진하는 역할을 했다는 점에서 말이다. 납이 있었기에 금속활자를 이용한 대량 인쇄술이 발전할 수 있었고, 이는 서구 사회에 종교개혁과 더불어 급속한 지식 발전과 확산, 그리고 공감의 발전을 가져왔다. 역사학자 린 헌트는 《인권의 발명》(교유서가, 2022)에서 18세기 서구인들 사이에 광범위하게 읽혔던 통속소설이 인권 개념의 발전에 기여했다고 주장했다. 사람들은 소설을 통해 타인의 삶과 감정을 간접적으로 체험했고, 이 과정에서 타인의 내면도 결코 나와 다르지 않다는 '상상된 공감'을 통해 보편적 인권을 깨달을 수 있었다는 것이다.

납의 '아이러니'는 인류가 무엇을 가치 있게 여기고 어떤 선택을 하느냐에 따라 어떤 원소가 구원자도, 파괴자도 될 수 있음을 보여준다.

아르곤

고독하지만 외롭지는 않게

원소기호 18번 아르곤(Argon)은 프리모 레비가 쓴 책 《주기율표》 첫 장의 주인공이다. 그는 이탈리아 피에몬테 지방에 정착한 유대인, 그의 선조들이 아르곤과 비슷한 사람들이라고 이야기한다. "공통적으로 정적인 데가 있고, 품위 있는 절제의 태도, 큰 강처럼 흐르는 삶의 대열 변두리로 자발적으로 물러서는 태도"가 그렇다는 것이다. 그들의 존재감은 유럽의 다른 유대인 공동체들에 비하면 빈약하기 짝이 없었다. 그는 선조들의 이런 성격을 드러내는 에피소드들로 첫 장을 채운다.

이는 내가 가지고 있던 아르곤의 심상과는 많이 다르다. 내게 아르곤의 연관 검색어는 '현대'였고, 떠오르는 이미지는 '죽음'이었다. 2020년, 현대중공업 LNG 운반선에서 배관 용접 보조 작업을 하던 하청 노동자가 사망했다. 용접 작업을 할 때 대기 중 산소가 금속을 산화시키는 것을 막기 위해 산소 차단을 목적으로 아르곤 가스를 채워둔다. 그런데 작업 후 환기가 충분히 되지 않은 상태에서 노동자가 들어갔다가 질식한 것이다.

아르곤

당시 뉴스를 보고 혼란스러웠던 기억이 생생하다. 어? 이 사건 이미 어디서 본 거 같은데? 찾아보니 날짜만 가린다면 같은 사건으로 착각할 법한 일이 2012년에 있었다. 현대중공업 하청 노동자가 용접 부위를 점검하러 배관 안에 들어갔다가 아르곤 가스에 질식

현대중공업 울산조선소 LNG 운반선에서 배관 용접 작업을 하던 하청 노동자가 아르곤 가스에 질식해 사망했다. ⓒ금속노조 현대중공업지부

해 숨진 사건이었다. 아닌데? 분명히 한꺼번에 여러 명이 돌아가셨던 것 같은데? 다시 검색해보니 중공업이 아니라 제철이었다. 2013년 5월, 현대제철 당진제철소에서 전기로 보수공사를 하던 노동자 5명이 한꺼번에 아르곤 가스에 질식해 숨진 일이 있었다. 당시 현대제철은 두 달 전 노동자 추락 사망 사고 때문에 노동부 수시 감독을 받은 직후였다. 색깔과 냄새가 없고 그 자체로는 아무런 독성도 없는 '조용하고 내성적인' 아르곤 가스는 유독 하청 노동자들에게 가혹했다. 왜 이런 일이 잇따라 일어났을까. 답은 간단하다. 그래도 되기 때문이다. 비용 절감을 위해 안전을 소홀히 취급하고, 위험한 업무는 하청 노동자들에게 떠넘기면 되고, 그러다 산재가 발생하면 솜방망이 처벌만 견디면 되니까. 아르곤은 죄가 없다.

움직임이 없다, 게으르다는 의미의 그리스어 '아르고스(ar-

워싱턴의 국립문서기록보관소에서 한 시민이 아르곤으로 채운 케이스에 보관된 독립선언서를 보고 있다. ©Jeffrey Reed/Prologue Magazine gos)'에서 이름을 따온 아르곤(Ar)은 주기율표에서 헬륨(He), 네온(Ne), 크립톤(Kr), 제논(Xe), 라돈(Rn) 등과 함께 '비활성 기체(noble gas)'로 분류된다. 이들은 공통적으로 화학반응성이 낮고 다른 원소와 잘 결합하지 않는다. 헬륨을 제외하면, 가장 바깥쪽 전자 궤도에 정원을 딱 맞춘 전자 8개가 들어가 있어 굳이 다른 원소와 전자를 주고받으며 반응할 이유가 없다. 프리모 레비의 비유처럼 항상 '자신들의 처지에 만족'해 있는 셈이다. 아르곤은 우주에서 약 12번째로 풍부하고 대기 중에서도 세 번째로 흔한 원소이지만, 이러한 비활성 특성 때문에 인류가 고대부터 사용해온 금속인 납이나 수은과 달리 1894년이 되어서야 비로소 발견되었다. 그나마도 비활성 기체들 중에서는 가장 먼저 발견된 것이다.

아르곤의 산업적 활용도는 높다. 반응성이 낮고 안정되어 있으며, 자연계에 풍부하고 생산 비용도 저렴하기 때문이다. 산화나 연소가 일어나면 안 되는 상황, 대표적으로 전기로 고열을 생성하여 금속을 접합시키는 아크 용접에서 금속의 산화를 방지하는 차폐 가스로, 또한 전기 고로(용광로)에서 전극으로 쓰이는 흑연이 연소되는 것을 막기 위해서도 쓰인다. 산소나 습기에 의한 부식을 예방할 수 있기에 식품 포장의 완충재나 중요한 문서 보관에도 활용된다. 이를테면 미국 국립문서기록보관소는 독립선언문과 헌법 같은 역사적 문서를 아르곤으로 채운 케이스에 보관하고 있다.

아르곤 자체는 독성이 없지만 공기보다 무겁기 때문에 산소를 가라앉혀 질식을 초래할 수 있다. 이런 특성을 이용해서

가금류 농장에서 조류를 폐사시킬 때 사용하기도 한다. 색이나 냄새가 없기 때문에 별도의 측정 장치가 없다면 공기 대신 아르곤 가스가 차 있다는 것을 사람이 알아챌 수 없다. 현대중공업과 현대제철의 하청 노동자들이 사망한 것도 바로 이런 특성 때문이었다.

사회적 고립과 외로움이 미치는 영향

친애하는 작가에게는 결례가 될지 모르겠으나, 다른 원소는커녕 같은 원소끼리도 좀처럼 결합하지 않는 아르곤은 이탈리아 피에몬테의 점잖은 유대인보다는 오늘날의 원자화된 현대인을 상징한다고 보는 쪽이 더 타당한 것 같다. 사실 고립이 나쁘기만 한 것은 아니다. 이토록 자극이 많고 복잡한 현대사회에서 고독(solitude)은 어쩌면 소수만이 누릴 수 있는 호사이기도 하다. 고독이란 홀로 있되 외롭지 않은 상태를 말한다. 고독의 시간에 인간은 자기 내면을 탐색하고 성찰하며, 자아의 성장을 이끌어낼 수 있다. 고독은 무언가에 몰두하고 자연의 아름다움을 향유하는 데 필요한 조건이기도 하다. 그래서 다양한 종교, 수많은 철학자와 예술가들은 고독을 찬양하고 갈구해왔다. 나이가 들어보니 친구가 별로 중요하지 않다, 친구를 덜 만나고 자신의 영혼을 풍요롭게 만드는 것이 더 중요하다는 김영하 작가의 이야기도 이런 맥락에서 이해할 수 있을 것이다.

하지만 많은 사람이 현실에서 마주하게 되는 것은 고독이 아니라 외로움(loneliness)이다. 외로움은 우리가 가진 사회적 관계의 질과 양이 우리가 원하는 것에 미치지 못할 때 발생한다. 홀로 있되 외롭지 않을 수 있는 것처럼, 수많은 사람에게 둘러싸여 있어도 얼마든지 외로울 수 있다. 다른 포식자들에 비해 형편없는 힘과 민첩성을 가진 인류가 자연계에서 살아남고 번성할 수 있었던 이유 중 하나가 바로 사회적 협동이었다. 인간은 본질적으로 사회적 동물이며, 고립과 외로움은 우리의 존재와 안녕을 위협한다.

일찍이 1897년, 프랑스 사회학자 에밀 뒤르켐은 《자살론》에서 '자살률은 개인들이 그 일부를 구성하는 사회적 집단의 통합 정도와 반비례한다'고 이야기했다. 그 후 한 세기가 지난 1979년 〈미국 역학회지〉에 발표된 논문은 사회 네트워크가 사망률에 영향을 미칠 수 있다는 점을 처음으로 보여주었다.[1] 연구진은 1965년에 미국 캘리포니아 앨러미다 카운티에서 주민 7000여 명을 무작위로 추출하여 사회적 연결 상태를 조사하고, 이후 9년 동안 사망 여부를 추적했다. 분석 결과 사회적 유대와 지역사회 연결이 없는 남성은 그렇지 않은 이들에 비해 2.3배, 여성은 2.8배 사망률이 높았다. 사망에 영향을 미칠 수 있는 여러 위험 요인들을 고려해도 결과는 크게 달라지지 않았다.

사회적 관계는 우리 삶에서 다양한 역할을 한다. 이런저런 생활 정보를 알려주고 물질적 도움과 정서적 지지를 제공하며, 태도와 규범에도 영향을 미친다. 우리는 살아가면서 주변 사람들과 금전적 대가가 따르지 않는 무수한 '교환'을 하고 서로 영향을 주고받는다. 또한 직장이나 학교만이 아니라 가족, 친교

모임, 사회단체 같은 다양한 공동체에 '참여'함으로써 애착 관계를 형성하고 소속감을 가지게 되며, 의미 있는 사회적 역할 속에서 스스로의 정체성을 확립해나간다. 그렇기에 사회적 고립이나 외로움은 부정적 건강 결과로 이어질 가능성이 크다. 지금까지 전 세계의 무수히 많은 연구들이 외로움이 건강에 미치는 부정적 영향을 보고해왔다. 외롭다고 느끼는 것은 흡연이나 비만과 마찬가지로 조기 사망과 관련 있으며, 관상동맥질환, 뇌졸중, 우울증, 인지 저하와 알츠하이머 치매 위험을 높인다. 그뿐 아니라 외로움은 타인의 행동을 호의적이지 않은 것으로 받아들이게 하며, 이는 사회적 불안을 높여서 더욱 위축되게 만들고 고립의 악순환을 초래한다. 사회적으로 거부당한다고 느낄 때, 우리 뇌에서는 신체적 고통을 경험할 때와 비슷한 반응이 촉발되는 것으로 알려져 있다.

　사회적 고립이나 외로움 문제를 이야기하면 사람들은 흔히 고독사, 독거노인, 고립된 1인 청년 가구를 떠올린다. 국내의 실태 조사나 정책 개입도 대개 이러한 사례들에 초점을 두고 있다. 이를테면 서울시의 2020년 '1인 가구 실태 조사'는 서울시 1인 가구 중 외로움 경험 비율이 62.1%, 사회적 고립 비율 13.6%, 외로움과 사회적 고립을 동시에 겪는 비율이 12.8%라고 보고했다. 소득이 월 100만 원 미만인 1인 가구는 외로움과 사회적 고립을 동시에 겪는 비율이 18.1%로 더 높았다. 서울시복지재단은 고독사 문제를 꾸준히 추적해왔다. '단절된 채로 혼자 살던 사람이 질병, 자살 등으로 사망하고 일정 기간이 지난 후에 발견된 죽음'으로 정의되는 고독사는 사회적 고립의 극단을 상징한다. 장제급여 수급 자료, 무연고 사망 자료, 고독사 동향 보고 자료를 종합하여 확인한 2021년 서울의 고독사 사례는 1139건으로 추정되었다. 그러나 이 숫자는 사회적 고립과 외로움을 경험하는 이들의 극소수만을 나타낼 뿐이다. 실제로 한국보건사회연구원의 추정에 의하면 '타인과 유의미한 교류가 없고 곤란한 일이 있을 때 도움을 받을 지지 체계가 없는' 고립 인구가 2021년 기준으로 전국에 약 280만 명이라고 한다.[2]

영국 정부가 '외로움' 문제에 주목하는 이유

사회적 고립과 외로움은 1인 가구나 취약 집단만의 문제가 아니다. 외로움 의제의 최전선에 선 영국 정부가 2018년에 발행한 정책 보고서 〈연결된 사회(Connected Society)〉는 사람들이 외로움을 느끼는 다양한 상황을 일러스트로 보여주었다. 펼쳐진 두 쪽에는 학교에서의 따돌림, 10대들의 또래 압력, 이직이나 실직, 은퇴, 낯선 곳으로의 이사, 자녀의 독립, 사랑하는 사람의 죽음, 이혼이나 관계의 파탄, 차별의 경험, 건강 악화, 범죄 피해자가 되었을 때, 장애를 가지고 살아갈 때, 부모가 되거나 돌봄 제공자가 되었을 때 같은 다양한 상황이 그려져 있다. 누군가는 사랑스러운 아기가 태어났는데, 가족을 돌보며 내내 함께 있는데 무슨 외로움이냐고 생각할지도 모른다. 하지만 외부 세계와 단절된 채로 자신에게 의존적인 존재를 온전히 책임지는 것만큼 외롭고 어려운 일도 드물다.

영국 정부가 발표한 정책 보고서 〈연결된 사회: 외로움을 해결하기 위한 전략〉에서 외로움을 느끼는 다양한 상황을 표현한 일러스트. ©The National Archives

여기 언급된 상황들은 특별한 소수에게만 일어나는 유별난 일이 아니다. 생애 과정 어느 지점에선가 누구나 한 번쯤 직면하게 되는 것들이다. 물론 외로움이나 사회적 고립의 감각은 매우 개인적인 것이고, 정부 정책으로 외로움을 완전히 없애는 것은 불가능하며 바람직하지도 않다. 하지만 위기 상황에서 도움을 청할 수 있는 지역사회 지지 체계를 만들고, 의미 있는 사회적 참여와 연결의 기회를 촉진하는 것은 책임 있는 정치가 마땅히 해야 할 일이다. 영국 정부가 이 문제에 개입하기 시작한 것은 외로움이 더 이상 개인의 문제가 아니라 사회적으로 구조화된 중요한 공중보건 문제라는 점을 인식했기 때문이다.

사회학자 리처드 세넷은 《신자유주의와 인간성 파괴》(문예출판사, 2025)에서 신자유주의가 초래한 노동 과정, 고용 형태의 변화는 일터의 모습만이 아니라 사람들의 삶도 바꾸어놓았다고 지적했다. 일터에서의 신뢰, 충성, 상호 헌신 같은 가치들은 고루한 개념이 되었고, 단기 성과와 과업 중심의 '헤쳐모여'는 다른 사람과 유대 관계를 맺으면서 지속 가능한 자아의 의식을 간직하는 것을 어렵게 만든다. 신뢰라는 미덕이 더 이상 필요 없는 곳, 사람들이 일회용품처럼 취급받는 곳에서 무관심은 확산되고 사람들은 외로움에 빠질 수밖에 없다.

우리는 아르곤에 질식당하는 것을 넘어, 스스로 아르곤이 되어 홀로 부유하는 삶으로 이행하는 중일지도 모른다. 그리고 이는 우리 각자가 자유의지로 선택한 것이 아니다. 리처드 세넷은 "우리가 왜 인간적으로 서로를 보살피며 살아야 하는지 그 소중한 이유를 제시해주지 못하는 체제라면 자신의 정통성을 오래 보존하지는 못할 것"이라고 말했다. 고독을 향유하지만 외롭지 않은 인간으로 살아갈 수 있도록 돕기 위해, 우리 사회는 과연 무엇을 하고 있을까?

은

밤세

'은이 솟구치는 산'에서 사회의학의 탄생까지

입춘, 경칩, 춘분이 지나도록 쌀쌀한 날씨가 이어지더니 드디어 봄의 전령사가 도착했다. 백련사 동백도, 산동마을 산수유도, 화엄사 홍매화도 그 주인공이 아니었다. 고비사막에서 불어오는 모래바람. 황사와 미세먼지야말로 한반도에 봄이 왔음을 알려주는 진정한 전령사다. 대기 중 미세먼지 농도가 세계 1등이라는 소식이 전해진 날, 거리에는 모처럼 마스크를 착용한 사람들이 넘쳐났다. 나도 오랜만에 서랍 속에서 KF94 마스크를 하나 꺼냈다. 코로나19가 한창 유행하던 시절에 열린 한 행사에서 기념품으로 받은 것이었다.

포장지에는 커다랗게 '은나노' '살균·항균'이 적혀 있었다. 원소기호 47번 '은(銀, Ag)'의 살균 효과는 과학적으로 입증되어 있다. 실제로 설파디아진 은(silver sulfadiazine)은 화상이나 피부 궤양에 감염된 박테리아와 곰팡이를 치료하는 외용제로 쓰인다. 세간에는 유럽에서 흑사병이 유행했을 때 귀족들의 사망률이 더 낮았던 이유가 그들이 은 식기를 사용했기 때문이라는 이야기가 전해질 정도다. 나노 기술을 활용하여 만들어진 은

은

1300년대 유럽 귀족들의 저녁 식사 장면. 14세기 유럽에서 흑사병이 대유행할 때 귀족들의 사망률이 낮았던 이유가 그들이 항균 효과가 있는 은 식기를 사용했기 때문이라는 설이 있다.

나노(AgNP) 물질은 산화 스트레스를 촉발하고, 병원체의 단백질 기능을 저해하며, 세균의 세포막과 DNA 손상 등을 통해 미생물 세포를 손상시킬 수 있기 때문에 살균 효과를 내는 것으로 알려져 있다.

하지만 마스크 표면에 코팅된 은나노 물질이 정말 코로나19 바이러스 차단에 효과가 있는지는 확인된 바 없다. 오히려 나노 물질의 인체 유해성에 대한 우려의 목소리가 높다. 금속성 나노 물질이 여러 동물실험에서 독성을 나타냈고, 생태계 먹이사슬을 통해 나노 물질이 동물의 몸에 축적된다는 연구들도 발표되고 있다. 여기까지 생각이 미친 끝에 결국 은나노 살균 마스크 대신 '평범한' 마스크를 집어 들고 말았다.

1585년경 그려진 볼리비아 포토시의 은광. 선주민들이 은 채굴에 동원되어 300년 동안 약 800만 명이 목숨을 잃었다.ⒸHispanic Society of America

사실 항균 효과는 은의 다른 명성에 비하면 매우 하찮다고 말할 수 있다. 은은 어떤 금속보다도 전기와 열전도성이 좋아서 산업적 가치가 매우 높다. 과거에는 진공관을 만드는 데, 최근에는 각종 반도체 설비와 회로, 부품을 제작하는 데 활용되고 있다. 산업기술 발달 이전에는 금과 함께 귀금속으로서의 위세가 높았다. 상대적으로 희소한 데다 말 그대로 '은빛'의 매끄러운 표면과 광채, 섬세하게 가공하기 쉬운 무른 속성 덕분에 화려한 장식품과 장신구, 특히 고급 식기를 만들어 부를 과시하는 데 안성맞춤이었다. 수저 계급론의 원조인 '은수저를 입에 물고 태어났다(Born with a silver spoon in one's mouth)'라는 영어 표현은 유구한 은의 위세를 잘 보여준다.

오늘날에는 구리·납·금·아연 등을 정련하는 과정에서 부산물로 산출되는 것이 대부분이지만, 과거에는 황화물 형태인 휘은석을 채굴하여 은을 얻었다. 이미 기원전 3000년께부터 은 광석 채굴이 이루어졌다고 한다. 서구 사회의 경우, 로마제국 시대에는 지금의 스페인, 중세 시대에는 중부 유럽이 주요 채굴 지역이었다. 하지만 매장량에는 한계가 있었고(그래서 '귀금속' 아닌가), 스페인이 식민지 정복에 나서면서 라틴아메리카는 은 채굴의 새로운 중심지가 되었다.

콜럼버스 이래 엘도라도의 신화를 좇아 바닷길에 나선 유럽인들의 라틴아메리카 원정은 번번이 실패로 끝났다. 그러나 1545년 안데스산맥, 지금의 볼리비아 포토시(Potosí)에서 드디어 '은이 솟구치는 산'을 발견했다. 16~17세기 동안 칼과 십자가로 무장한 정복자들이 몰려들면서 포토시는 식민지의 허브이자 과시와 사치의 전당이 되었다. 정복자들이 도착한 지 불과 30년 만에 이곳 인구는 약 12만 명으로 늘어났는데, 이는 당시 런던·파리·마드리드·세비야 인구와 비슷하거나 더 많은 수준이었다.

광산에서 은을 캐고 도시 밑바닥에서 허드렛일을 한 것은 고향에서 강제로 끌려온 선주민(인디오)들이었다. 광산의 열악한 노동환경에서 수많은 이들이 죽어갔다. 안데스산맥의 가혹한 추위와 갱도의 열기로 인해 목숨을 잃었고, 은 채굴을 위해 사용한 수은 때문에 중독이 일어나고, 사고, 영양실조, 감염병 유행도 끊이지 않았다. 심지어 포토시까지 끌려오는 도중에 길에서 죽어간 이들도 부지기수였다. 300년 동안 선주민 약 800만 명이 은 때문에 목숨을 잃은 것으로 추정된다.

'불순분자 의사' 명단 만든 칠레 의사협회

은이 바닥나고 정복자들이 떠나버렸을 때, 포토시는 은빛 영화(榮華)는 고사하고 세계에서 가장 가난하고 비참한 곳으로 남겨졌다. 소위 아메리카 대륙이 '발견'된 이후, 이처럼 자원과 생명을 수탈당한 지역은 포토시 하나만이 아니었다. 우루과이 출신 저널리스트이자 작가인 에두아르도 갈레아노의 1971년 저작 《라틴아메리카의 열린 혈맥(Las venas abiertas de America Latina)》(알렙, 2025)에는 지난 500년 동안 라틴아메리카 민중들이 겪어온 가혹한 수탈과 피정복의 역사, 그러면서도 꺾이지 않는 불굴의 투쟁이 담겨 있다. 이 역사는 책 바깥의 현실로도 이어졌다. 이 책은 출간 직후 우루과이 군사정권 하에서 금서로 지정되었고, 작가는 1973년 군사 쿠데타 이후 투옥되었다가 강제 추방길에 올랐다. 우루과이만이 아니라 당시 이웃 칠레·아르헨티나·브라질 등 라틴아메리카 전역은 미국을 등에 업은 군사독재, 권위주의 정부의 폭력으로 몸살을 앓고 있었다. 이 책은 금서로 지정되거나 '청년을 망치는' 나쁜 책이라는 비난을 받았다. 그렇기에 사람들은 몰래, 심지어 아기 기저귀 속에 숨겨가며 이 책을 읽었다.

내가 가진 1997년 영문판에는 칠레 출신의 저명한 작가 이사벨 아옌데의 서문이 담겨 있다. 그녀는 1973년 쿠데타 직후 급하게 망명길에 오르며 단 두 권의 책만 급하게 챙겨왔는데, 하나가 칠레의 국민 시인 파블로 네루다의 시집, 또 다른 하나가 바로 이 책이었다고 한다. 이름에서 어렴풋이 짐작할 수 있듯 그녀는 피노체트의 군사 쿠데타로 살해된 살바도르 아옌데 전 칠레 대통령의 조카다.

살바도르 아옌데는 의사 출신 정치가였다. 의대생 시절부터 활발한 정치 활동을 했고, 1937년에 국회의원으로 당선되었으며, 1938년에는 인민전선 정부에서 보건장관을 맡았다. 장관 재임 당시 그는 《칠레인의 의료·사회적 현실(La Realidad Médico Social de Chile)》이라는 책을 펴냈다. 그는 가난한 이들에게는 옷을 사고 가족들을 먹여 살릴 만큼 충분한 소득이 없고, 노동자들은 가혹한 근로 조건과 고용 환경에서 보호받지 못하며,

노동계급 가정은 주거 환경과 위생 시설을 제대로 갖추지 못했다는 점을 지적했다. 그리고 바로 이러한 조건들이 용납하기 어려운 수준의 높은 영아 사망률과 불건강으로 직결된다고 분석했다.

에두아르도 갈레아노의 1971년작 《라틴아메리카의 열린 혈맥》 ©La Social

이 책은 라틴아메리카 사회의학의 고전 저작 중 하나로 꼽힌다. 라틴아메리카 사회의학은 건강과 질병에 대한 생의학적(biomedical) 모델의 한계를 비판하며 건강의 사회적·구조적 결정 요인에 초점을 둔다. 이는 내과학, 외과학 같은 의학의 세부 분과 학문이라기보다 사회정의라는 철학적 지향으로부터 출발하여 건강 형평성과 보편적 의료보장을 추구하는 학문 분야이며 동시에 사회운동, 정치적 입장이기도 하다. 의료전문가가 주도하는 보건의료 체계와 생의학에 치중된 의학지식에 비판적 입장을 취하며, 이론적 실천을 중요하게 여긴다. 그 때문에 임상의사, 연구자, 활동가를 구분하는 경계선이 명확하지 않다는 점도 라틴아메리카 사회의학의 고유한 특징이다.

라틴아메리카에서 이렇게 독특한 사회의학이 발전한 것은 19세기 유럽 공중보건 운동의 영향이 크다. 하지만 지난 500년간 식민 지배와 수탈의 역사에서 비롯된 극심한 사회 불평등과 저개발이라는 현실, 그리고 이를 개혁하려는 진보적 엘리트들의 열망 역시 중요했다.[1] 특히 1930~1940년대 라틴아메리카 사회의학의 발전을 이끈 것은 진보적 의사들이었고, 아옌데는 그들 중 한 명이었다.

물론 의사 전체가 그랬던 것은 아니다. 다수의 의사들은 의료 개혁에 적대적이었다. 1970년 아옌데가 대통령에 당선되어 공공 의료체계인 국립보건의료 서비스를 도입하려 했을 때, 칠레 의사협회는 격렬하게 반대했다. 의사들의 자율성, 사적 진료 행위가 제한되고, 지역사회 참여나 팀 접근 같은 조치 때문에 의사의 특권이 훼손될 것이라고 우려했기 때문이다. 1972년 칠레 의사협회는 아옌데를 제명했다. 그가 의사협회 창립 회원 중 한 명이었음에도 불구하고 말이다. 1973년 8월에는 아옌데의 사임을 촉구하는 의사 파업을 조직했다. 나중에 피노체트의 군사 쿠데타가 성공한 후에는 파시스트 정부에 축하 서신을 보내기까지 했다. 칠레 의사협회는 아옌데에 대한 공격만이 아니라 피노체트 정권에 해를 끼칠 수 있는 '불순분자 의사' 명단을 만드는 데에도 기여한 것으로 알려졌다. 군사 쿠데타 직후 보건부, 칠레 의대와 보건대학원에 소속된 많은 의료 전문가와 학생들이 고문당하고 투옥되었다. 산티아고 도심에는 보건의료 종사자 전용 구금 시설이 존재했을 정도다. 칠레 의대생 100명 이상이 피노체트 정권에서 살해당하거나 실종되었고, 해외로 망명한 이들도 적지 않았다. 이들의 정확한 피해 규모는 아직까지 잘 모른다.

하지만 이 암울한 시대에 이웃 브라질에서는 조용한 변화의 조짐이 꿈틀대고 있었다. 군사정권의 폭력적 통제가 조금씩 느슨해지는 사이, 사회의학(브라질 용어로는 '집단 건강(saúde coletiva)' 분야의 주요 인물들이 정부 감시를 피해 활동 반경을 넓혀나갔다. 특히 지방분권화 과정은 다양한 지역사회 건강 프로젝트를 가능하게 했다. 이를 통해 보다 평등하고 공정하며 효과적인 건강 개선 모델을 만들 수 있었고, 사회의학 그룹과 지역사회 활동가, 노동조합, 보건 분야의 기술 관료들이 협력하며 서로를 성장시키는 경우도 늘어났다.

 1930~1940년대 라틴아메리카 사회의학 운동은 진보적 의사들이 주도했지만, 1970년대 브라질에서는 훨씬 다양한 주체들이 등장했다. 인간해방과 이론적 실천을 강조한 교육 사상가 파울로 프레이리(Paulo Freire), 의료 분야의 권력과 지식에 대한 비판적 분석을 수행한 미셸 푸코의 영향을 받으며 의료 전문직의 자기충족적 정치에 대한 비판이 발전했고 보건의료 정책 '참여'와 '정책의 민주화'가 본격적으로 다루어지기 시작했다.

브라질 국립보건서비스의 탄생

이러한 흐름은 1980년대 거대한 보건 개혁운동으로 이어졌다. 사회의학 지향의 보건의료 학술·전문가 조직은 노동조합, 사회단체 등의 개혁 세력, 다양한 지역사회 풀뿌리 조직들과 느슨한 연합을 구축했고, 이를 통해 국가와 국가기구, 그리고 보건의료 의사결정 절차를 민주적으로 변화시키려 했다. 1986년 행정수도 브라질리아에서 열린 제8차 전국건강회의(National Health

Conference)는 여러모로 기념비적 행사였다. 20년 동안 지속된 권위주의 정권이 막을 내리고 새로운 민주주의 시대의 문이 열리는 시점에서 열린 이 행사는 보건의료 전문가와 정책 관료만이 아니라 시민단체, 노동조합, 지역사회 대표자 등 다양한 이들에게 개방되었다. 전국에서 4000명 이상이 참여하여 나흘 동안 머리를 맞대고 토론을 거듭한 끝에, 보편적 의료보장체계인 브라질 국립보건서비스(SUS, Sistema Único de Saúde)의 청사진이 탄생했다. 이 내용은 1988년 헌법 개정안에 보편성·포괄성·형평성·탈중앙화·사회적 참여라는 5대 원칙으로 자리잡게 되었다. 마지막의 '사회적 참여' 원칙은 이후 연방·주·지역 단위의 직접 참여 민주주의 기구인 '건강위원회'로 구체화되었다.

건강위원회 참여자의 절반은 시민들이고 나머지 절반은 정부와 보건의료계 인사들로 채워지는데, 여기에서 주요 보건의제들을 논의하고 예산을 심의하도록 했다. 국가보건의료 체계의 앞날을 바꾸는 중요한 의사결정이 다양한 참여자들의 숙의와 참여 과정을 통해 공개된 토론의 장에서 이루어진 것, 건강위원회를 통해 보건의료 정책 과정을 민주화하고 의료에 대한 사회적 통제를 강화한 것은 라틴아메리카 사회의학의 가장 인상적 성취 중 하나였다.

2000년대 중반 미국에 잠시 머물던 시절, 브라질 출신 동료 에두아르도(Eduardo)의 부추김에 넘어가 머나먼 상파울루를 방문한 적이 있다. 사회의학을 이해하려면 직접 꼭 가봐야 한다고 했다. 현지의 지인들까지 소개해주겠다니 사실 마다할

시민 4000명 이상이 참석한 1986년의 전국건강회의. 여기서 탄생한 브라질 국립보건서비스(SUS)는 새로운 민주주의의 초석이 되었다. ⓒEnsp/Fiocruz

이유가 없었다. 포르투갈어라고는 '따봉(tá bom)' 밖에 모르는 문맹인 주제에, 일면식도 없는 친구의 친구들을 만나기 위해 천리 타향 여행길에 올랐다. 그리고 실제로 그곳에서 에두아르도의 라틴아메리카 사회의학 '동지'들을 만났다. 주 정부의 20년차 근로감독관인 다닐로(Danilo)도 그중 한 명이었다. 그는 1970년대 사회의학 부흥기에 의대생으로서 열심히 학생운동에 참여했다. 이후 진로를 고민하다 노동자 건강을 다루는 산업의학을 전공하고 나서 이 일을 하게 된 것이라고 했다.

그는 마침 국영 석유회사 페트로브라(Petrobras)에 노동자 교육을 하러 가는 날이라며 나를 데리고 갔다. 노동자당(PT, Partido dos Trabalhadores) 집권 이후 고용평등법이 실시되면서 생산 현장에 여성 노동자 진출이 늘어나는 중이고, 노조에서 이들을 위한 별도 교육을 요청한 것이라고 했다. 교육은 실로 활기가 넘쳤다. 이것이 과연 말로만 듣던 삼바의 열정인가, 한국인이 보기에 지나치게 큰 몸짓이 수반된 열띤 강의와 그에 못지 않은 활발한 질문이 매우 인상적이었다. 단 한 마디도 알아들을 수 없는 강의와 토론이 무려 두 시간 넘게 이어지는 내내, 나는 예의 바른 외국인 손님으로서 사회적 미소를 잃지 않기 위해 노력했다.

그는 인권변호사인 친구가 노동자당 후보로 지역구 선거에 출마한다며 저녁에 열린 출정식에도 나를 데려갔다. 나는 록밴드 공연도 정좌한 채 감상하는 사람이다. 춤과 음악, 격정적인 허그와 오른쪽 왼쪽 더블 볼 키스가 난무하는 정당 모임은 실로 감당하기 어려운 것이었다. 이 시련을 통과해야 사회의학

은

을 할 수 있는 것이라면 나는 포기하겠다고 선언해야 할 판이었다. 다행히 이곳에서 에두아르도, 다닐로의 또 다른 친구인 엘레노(Eleanor)를 만나 위기를 넘길 수 있었다. 그는 내향적인 보건대학원 교수였다. 목소리는 낮고 차분했지만, 그 역시 오랫동안 노동자당 활동을 해왔고 대학에서 지역사회보건을 가르치며 노동자 건강센터 프로그램 조직에 깊숙이 관여해온 실천적 지식인이었다. 전체 의사 사회를 보자면 자신들은 소수파라며 웃었지만, 오랜 시간 자신의 전문 분야와 삶에서 실천을 지속해온 '사회의학 선배'들의 모습은 새내기 연구자였던 나의 존경심을 불러일으키기에 충분했다. 지배 엘리트라는 계급적 속성에도 불구하고 이들이 오랫동안 실천적 지식인으로 살아온 것은 선지자적 자기희생 정신 때문이 아니었다. 내가 원래는 잘 먹고 잘 살 수 있었지만 민중을 위해서 기꺼이 그런 삶을 포기했다는 은밀한 과시와 자기연민은 이들과 거리가 멀었다. 이들의 삶을 이끈 것은 다양한 사회경제적 배경의 시민사회·노동조합 활동가들과 함께 활동하면서 얻게 된 연대 의식과 비판적 자기 성찰이었다. 이는 라틴아메리카 사회의학의 고유한 지향이기도 하다.

　최근 한국에서 벌어진 정부와 의사들의 대립, 소위 '의-정 갈등'에서 시민참여, 연대, 보건의료 정책의 민주화, 의료의 위계에 대한 비판적 성찰 같은 것들은 도저히 찾아볼 수 없었다. 애초에 왜 의료개혁이 필요했는지에 대한 질문은 흐릿해지고, 문제의 당사자인 시민들은 그저 '구경꾼' 아니 '인질'로 남겨졌을 뿐이다. 지금, 여기에서야말로 라틴아메리카 사회의학의 정신이 절실하다는 생각을 하지 않을 수 없었다.

탄소

시력을 앗아간 진짜 범인

탄소 발자국, 탄소 중립, 탄소 포집, 탄소 배출권, 탄소 국경세. 기후 위기 시대에 탄소만 한 천덕꾸러기도 없을 것이다. 탄소 입장에서는 대단히 억울할 법하다. 지구 구석구석을 채우고 생명체를 유지해왔는데 이런 푸대접이라니. 사실 탄소는 대지와 강, 바다, 대기 등 문자 그대로 '어디에나 있다'. 지각을 구성하는 다양한 광물의 구성 요소이면서 바닷속 산호와 굴·조개껍데기를 이루고, 지구 깊은 곳에서 석탄·석유·천연가스의 모습으로 잠들어 있다. 모든 동식물의 세포를 구성하는 유기화합물의 핵심 원소이기도 하다. 인간 몸무게의 약 18.5%를 탄소가 차지한다.

 탄소는 많기만 한 것이 아니다. 그 모습이 실로 변화무쌍하다. 다른 원소들과 화합물을 이루기 전에도 그 자체로 다양한 결합 방식을 통해 매우 다른 모습과 성질로 존재할 수 있다. 그토록 다르게 생긴 다이아몬드와 연필심(흑연)이 사실은 같은 탄소 덩어리라는 것을 알고 나서 충격받은 어린이는 나뿐만이 아니었을 것이다. 다른 원소들과의 '케미'도 좋다. 현재까지 알려진 탄소화합물 종류만 100만 종이 넘고 지금도 매년 화학자

탄소

들이 새로운 화합물을 합성하고 있다. 플라스틱 같은 합성 폴리머, 카본 스틸 같은 금속 합금, 탄소섬유 등 탄소를 활용한 제품 종류도 무궁무진하다. 무엇보다 대기 중 이산화탄소가 식물의 광합성에 의해 유기물로 전환되고, 동물이 이를 섭취하고 산화시켜 이산화탄소를 배출하는 거대한 '탄소 순환'은 지구 생태계의 핵심 고리라고 말할 수 있다. 탄소 없는 지구, 탄소 없는 생태계, 탄소 없는 인류 문명은 상상조차 할 수 없다.

 이토록 광대한 탄소의 세계에서 오늘의 '원픽'은 메탄올(메틸알코올·CH_3OH)이다. 이는 가볍고 휘발성을 가진 무색의 가연성 액체로 에탄올(C_2H_5OH)과 비슷한 술 냄새가 난다. 세계적으로 연간 2000만t 이상 생산되며 다양한 화합물, 이를테면 포름알데히드나 아세트산 등의 전구체, 유기용제, 세척제 등으로 널리 쓰인다. 간단한 구조를 가진 '평범한' 물질이지만, 대단히 유독하다. 10ml 정도의 소량 섭취만으로도 시신경(視神經)을 손상시켜 완전 실명을 초래할 수 있으며 30ml면 목숨을 잃을 수 있다. 중독의 원인은 대개 오염된 술이다. 잊을 만하면 한번씩 해외 토픽에 등장하는 소식이 밀주(密酒)나 가짜 술을 마시고 사람들이 실명했다는 것이다. 그래서 2016년 1월 노동건강연대에 메탄올 중독 제보가 들어왔다는 이야기를 들었을 때 생각했다. 일터에서 밀주나 가짜 술을 마신 것은 아닐 테니, 사고로 메탄올이 눈에 튀었나? 아니면 실수로 음료수에 메탄올이 섞여 들어갔나? 그런데 그게 아니라 '호흡을 통한 중독'이라고 했다. 그럴 수도 있나? 의아했다.

탄소 없는 지구, 탄소 없는 생태계,
탄소 없는 인류 문명은 상상조차 할 수 없다.

그즈음, 인천과 부천 지역 삼성전자와 LG전자 휴대전화에 들어가는 부품을 생산하는 하청업체에서 일하던 20대 청년들이 잇따라 눈이 보이지 않고 의식이 저하되는 증상을 경험했다. 이들은 CNC(computerized numeric control) 공정에서 알루미늄 부품의 절삭과 가공을 담당하고 있었다. 이 과정에서 제품 세척을 위해 메탄올을 분사하고 에어건을 사용해서 남은 메탄올을 제거하는 작업을 했다. 사실 메탄올은 워낙 잘 알려진 유해 요인이라 산업안전보건법상에도 '관리 대상 유해 물질'로 분류되어 있다. 6개월마다 작업환경 측정, 12개월마다 작업자의 특수건강검진을 시행해야 한다. 메탄올 대신 아예 에탄올 같은 대체물질 사용을 권고하고 있다. 문제는 에탄올 가격이 메탄올의 3배라는 점이다. 중독 사건이 알려진 후 노동부의 현장 근로감독 결과, 회사에서 메탄올의 위험성에 대한 안전교육은커녕 보안경이나 장갑·마스크 같은 기본 보호 장비도 제공하지 않았다는 사실이 드러났다. 노동자의 눈과 피부에 메탄올 액체가 직접 닿았고, 이들이 숨 쉬는 대기 중에도 메탄올 유증기가 남아 있었다. 마침 날씨가 춥다고 환기마저 제대로 하지 않았다. 중독이 확인되고 나서 며칠 뒤에 측정했는데도 공장의 대기 중 메탄올 농도는 노출 기준의 약 10배에 달했다. 세상에, 이런 일이 가능하다니! '메탄올에 오염된 술을 마신 것도 아닌데 어떻게 중독에까지 이르렀을까' 하는 나의 의문은 현실을 미처 쫓아가지 못한 것이었다.

'메탄올에 오염된 술을 마신 것도 아닌데 어떻게 중독에까지 이르렀을까' 하는 의문은 현실을 미처 쫓아가지 못한 것이었다.

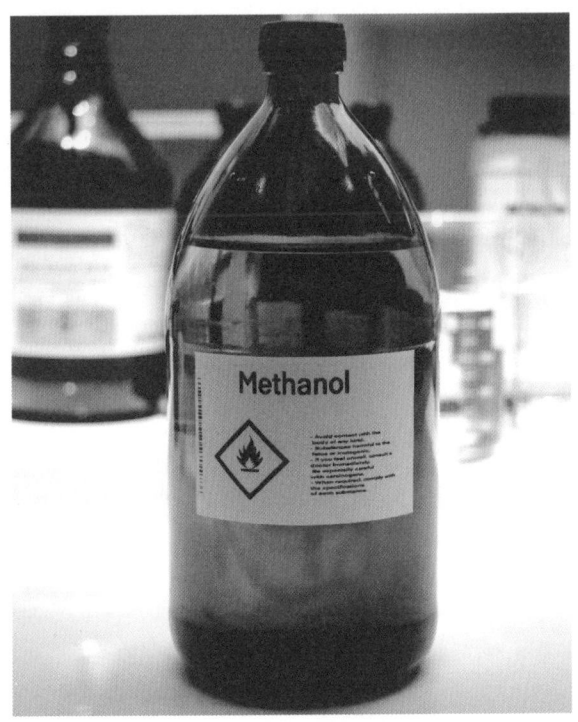

©Kittisak Kaewchalun

20대 노동자가 몰랐던 두 가지

그런데 사건을 파헤칠수록 점점 더 놀라운 현실이 드러났다.[1] 노동자들은 2교대로 야간 근무를 하고 일감이 늘어나면서 연장 근무와 휴일 근무까지 했지만, 정작 자신이 사용하는 물질이 무엇인지 제대로 알지 못했다. 그러니 갑자기 눈이 안 보여 병원을 찾았을 때, 의사도 환자도 원인을 알 수가 없었다. 업무와 시력 손상 문제를 연결시킬 생각조차 하지 못했다. 사실 이들이 몰랐던 것은 메탄올의 정체만이 아니었다. 이들은 옆자리에서 일하는 노동자가 누구인지도 몰랐다. 그리고 다른 노동자가 나와 같은 문제를 겪고 있다는 사실도 알지 못했다. A 사업장에서 일하던 첫 번째 피해 노동자는 2016년 1월 15일 야간조 근무 중에 증상을 깨닫고, 1월 16일 오전 퇴근 후에 응급실을 방문했다. 1월 22일에야 메탄올 중독이 확인되어 의사가 노동부에 재해 신고를 했고, 1월 25일에 노동부의 현장 근로 감독이 이루어졌다.

이 과정에서 1월 22일 비슷한 증상으로 다른 병원을 방문해 치료 중인 A 사업장의 두 번째 피해자가 확인되었다. 1월 28일에는 B 사업장 노동자의 피해 사례가 알려졌는데 그는 이미 2015년 12월 30일에 중독이 발병한 상태였다. 그리고 2월 22일 C 사업장에서 또 다른 피해자가 확인되었다. 노동부가 메탄올 사용 업체에 대해서 한창 현장 검검을 시행하던 때였다. 그리고 약 8개월 뒤인 2016년 10월, 메탄올 중독 피해자 두 명이 추가로 확인되었다. 그중 한 명은 2015년 2월에 B 사업장에서 중독된 이였고, 또 다른 한 명은 2016년 1월 노동부가 C 사업장에 점

탄소

검을 다녀간 뒤 중독된 이였다. 이들 피해 노동자는 각자 병원을 찾았고 서로의 존재를 알지 못했다. 사업장에서는 노동자가 갑작스레 출근하지 않아도 대수롭지 않게 여겼다. (노동건강연대 회원이기도 한) 직업환경의학 전문의의 최초 신고가 없었더라면, 피해자와 시민사회가 함께 나서 목소리를 내지 않았더라면, 이 사건들은 서로 연결되지 못한 채 그저 원인불명의 실명 사례로 조용히 묻혔을 것이다.

이런 초현실적 사건이 가능했던 비결은 바로 '파견 노동'에 있었다. 이들은 모두 여러 파견업체(파견 사업주)를 통해 대기업의 3~4차 하청업체(사용 사업주)인 A, B, C 사업장에서 일했다. '근로자 파견'이란 '파견 사업주가 근로자를 고용한 후 그 고용관계를 유지하면서 근로자 파견계약 내용에 따라 사용 사업주의 지휘·명령을 받아 사용 사업주를 위한 근로에 종사하게 하는 것'을 말한다. 쉽게 설명하자면, 파견업체에서 노동자를 채용한 후에 이들을 다른 사업장으로 보내 그곳에서 일을 하도록 한다는 뜻이다. 이들에게 월급을 주는 것은 파견업체 사장이지만, 실제 업무 지시는 파견되어 일하는 곳의 사장이 내린다. 이 경우, 작업 현장의 안전교육이나 특수건강진단에 대한 책임은 '사용 사업주'에게 있고, 산재보험 가입이나 일반건강 진단은 '파견 사업주'의 몫이다. 책임 분담이 이렇게 착착 이루어지면 좋겠지만, 직접고용 노동자의 안전보건도 충분히 보호받지 못하는 현실에서 파견 노동자들이 제대로 보호받을 리 만무하다. 무엇보다 '제조업의 직접 생산공정 업무'는 파견 노동 자체가 금지되어 있다. 산업재해 같은 문제가 발생했을 때 책임 주

이런 '초현실적' 사건을 가능하게 한 것은 불법 파견 노동이라는 '현실'이다. 2016년 3월 2일 정부서울청사 앞에서 불법 파견 노동자의 메탄올 피해와 관련해 기업들을 규탄하는 기자회견을 열고 있다. ⓒ시사IN

체가 불분명해질 가능성이 크다보니 노동자를 보호하기 위해서 마련된 조치다. 그런데 이들은 '불법 파견' 상태에서 일을 했다. 현실에 존재하지만 법적으로 존재하지 않는 유령 노동자였던 셈이다.

실명의 대가가 350만 원?

이들은 파견업체와 근로계약을 하고, 월급 통장에도 파견업체 이름이 찍힌다. 정작 이들이 일한 공장에는 노동자 명부가 없고 근무 기록도 남지 않는다. 옆자리에서 일하는 동료는 다른 파견업체를 통해 왔을 수도 있고, 내일 다시 만날 수 있을지조차 알 수 없다. 일을 그만둔다고 동료들 간에 환송회를 하거나 회사에서 퇴직금을 주는 것도 아니다. 결근한다고 누가 연락해서 안부를 묻거나 야단을 치지도 않는다. 서로 이름조차 모르는데 무슨 수로 연락을 하겠나. 이런 익명성 덕분에 근로소득이 있으면 지원을 받을 수 없는 기초생활 수급자가 가명으로 일을 하기도 하고, 미등록 이주노동자도 '평등하게' 일할 수 있는 곳이 불법 파견의 세계다. 1980년대에 대학을 다닌 선배들의 위장취업 경험담, 예컨대 가명을 사용하고 가짜 신분증과 이력서를 만들고, 회사와 경찰의 감시망을 피하기 위해 온갖 노력을 기울였다는 무용담은 이곳에서 한없이 초라해진다. 굳이 그렇게 노력할 필요가 없어진 것이다.

우리가 사용하는 스마트폰과 첨단 전자제품들은 신제품 생산 주기가 짧고 디자인 변경도 잦다. 제품 출시 주기에 따라 생산량의 변동도 크기 때문에 원청 대기업들은 이러한 가변적 인력 수요 문제를 하청업체를 통해 해결한다. 3~4차 하청업체에 대해서는 관리의 법적 책임도 없으니 완벽한 조건이다. 메탄올 중독 사건이 터질 무렵인 2015년 10월, 인천 지역 노동·사회단체들은 지역 내 실태 조사를 통해 파견법을 위반한 사용 업체 11곳을 고발했다.[2] 모두 휴대전화 부품과 가전제품을 생산하는 제조업체였다.

이렇게 다단계 하청에 불법 파견까지 '화학적으로' 결합되어 있으니 완벽한 위험의 외주화, 개인화가 가능하다. 작업 현장의 노동자 보호 조치나 안전보건교육이 엉망인 것은 물론이고, 산재가 발생한 이후의 대응도 어렵게 만든다. 과거에 일한 사업장과 파견업체를 접촉해서 근무 사실과 노출 이력을 입증하기가 매우 어렵기 때문이다. 어차피 불법 파견이니 또 다른 불법을 저지르기도 쉽다. 근로기준법이나 산업안전보건법 위반은 일상이고, 사회보험을 가입해주지 않았다가 실명 사건이 터지고 나서야 부랴부랴 산재보험료를 납입한 경우도 있었다. 눈이 안 보이게 된 젊은 노동자와 그 가족에게 '어차피 산재가 안 될 테니 350만 원에 합의하자'고 거짓말로 회유하기도 했다.

이런 상황이라면 노동부가 앞장서 노동자를 보호해야 마땅하지만, 그렇게 하지 않았다. 노동부는 현장 점검을 나가면서 이 사실을 사업체에 친절하게 미리 알려주었고, 덕분에 사업주는 메탄올을 옥상에 숨길 수 있었다. 중독 사건을 지역사회와 의료 기관에 널리 알려서 추가 피해를 막고 숨겨진 피해자를 찾아야 한다고 시민사회가 요구했지만 정부는 듣지 않았다.

나중에 코로나19 확진자·접촉자 동선 공개를 보면서 씁쓸했다. 코로나19 확진자가 ○월 ○일 ○○시 ○○분에 ○○번 버스를 타고 이동해서 ○○식당에서 밥을 먹고, ○○시 ○○분에 ○○노래방에 갔다는 소식을 낱낱이 구청 홈페이지에 게시하고 주민들에게 요란한 알림 메시지를 보내주는 노력의 절반만 기울였어도 추가 피해자를 막을 수 있었을 것이다. '휴대전화 부품 CNC 공정에서 알코올 냄새 나는 물질(메탄올)로 세척 작업을 하고 나서 어지럽거나 시력이 저하되는 경험을 한 분은 즉시 노동부에 신고해주세요.' '원인불명의 급성 시력 저하와 의식 소실 환자를 진료한 의사는 메탄올 중독을 의심해서 검사를 시행하고 양성 시 즉각 노동부에 신고해주세요.' 공단 지역에서 이런 안내 방송을 하고 알림 메시지를 보내는 것이 그렇게 어려운 일이었을까? 2016년 가을까지 메탄올 중독 피해자 6명을 확인했지만, 이들이 피해자의 전부인지는 지금도 여전히 알 수 없다.

사회학자 리처드 세넷은 《뉴캐피털리즘》(위즈덤하우스, 2009)과 《신자유주의와 인간성 파괴》에서 일관되게 '시간'의 문제를 지적했다. 신자유주의가 가져온 노동과정, 고용 형태의 변화는 단순히 일자리를 바꾸는 것이 아니라 삶을 바꾸어 놓았고, 그 핵심에 시간의 본질 변화가 있다는 것이다. 영단어 'career(커리어, 직업)'의 어원은 마차가 다니는 길로, 평생 한 우물을 판다는 의미인 데 비해, 'job(일자리)'은 짐수레로 실어 나

코로나19 유행 당시 확진자·접촉자 동선을
구청 홈페이지며 알림 메시지에 낱낱이 공개하는
노력의 절반만 기울였어도……

메탄올 중독 제보가 들어온 지 한참이 지나서야 메탄올 중독 피해를 입은
노동자를 찾는다는 안내판을 지하철 내부에 걸었다. ⓒ민석기

를 수 있는 한 덩어리나 한 조각의 물건을 뜻한다고 한다. 노동 시장 유연성은 오늘날 '커리어'의 길을 막아버리고 한 조각 '일자리'만을 남기고 있다.

극단적으로 유연화된 파견 노동 시장에서 훼손되는 것은 안전과 생명만이 아니라 인간다움 그 자체일지도 모른다. 단기적이고 불안정한 시간은 비공식적 신뢰를 쌓고 서로에게 헌신하며 관계를 맺을 여유를 주지 않는다. 일을 통한 정체성 확립이라는 것이 지나간 시대의 환상이자 점점 더 소수에게만 허락되는 특권이 되어가고 있다. 최소한 동료 노동자가 누구인지도 모르고, 나보다 먼저 쓰러진 동료 노동자가 있는 줄도 모른 채 일을 하다가 차례로 쓰러져가는 현재의 일터를 우리 사회는 언제까지 용인해야 할까.

메탄올은 별이 생성되는 지역에서 다량으로 관측되기에, 천문학에서 별의 생성 지역을 찾는 표지자로 활용된다고 한다. 하지만 우리가 지구 한구석에서 찾아낸 메탄올의 흔적은 별의 탄생이라는 낭만이 아니라, 동료 노동자조차 알아보지 못하게 만드는 극단적 노동유연화와 위험 외주화의 결합을 알리는 적신호였다.

이 원고를 다듬고 있던 2025년 4월 17일, 메탄올 중독 피해자 중 한 명인 이진희 씨가 돌아가셨다. 38세라는 젊은 나이, 메탄올 중독으로 시력을 잃고 뇌병변 장애를 앓게 된 지 9년 만이다. 2016년 말 노동건강연대가 작성한 사건 조사 보고서에 고인의 생생한 목소리가 남겨져 있다. "내 이야기를 기록으로 남기면요, 누가 보게 될까요? 아무도 안 볼 것 같아

시력을 앗아간 진짜 범인

요. 욕을 해도 돼요? 하. 웃음밖에 안 나온다 진짜, 왜, 우리나라는 왜 이럴까 진짜, 할 말이 없다 진짜. 나 진짜 따지러 가고 싶다 진짜. 할 말도 없다 진짜." 그의 명복을 빈다. 그가 들을 수는 없지만 전해주고 싶다. 우리가 남아서 당신의 이야기를 보고 있다고.

셀레늄

로봇공학 3원칙과 인간됨

원소에 대한 자료를 찾을 때마다 영양제나 건강보조식품 광고와 마주친다. 이번에도 그랬다. 원소기호 34번 셀레늄(Se, selenium)이 독자들에게 낯설지 않을까 나름 우려했는데, 알고 보니 쓸데없는 걱정이었다. 이미 '영양소의 어벤저스'라는 화려한 수식어와 함께 멀티비타민으로, 건강보조식품으로 널리 팔리고 있었다. 항산화 효과가 비타민 E에 비해 1000배가 넘고 각종 질병 예방은 물론 항암효과까지 겸비했다는 팔방미인, '인싸' 중의 '인싸'였던 것이다.

터무니없는 말은 아니다. 셀레늄은 대표적 항산화 효소인 글루타치온 과산화제와 티오레독신 환원효소의 성분이다. 갑상샘 기능을 유지하는 데에도 중요한 역할을 한다고 알려져 있다. 인간을 포함해 여러 동물과 일부 식물의 세포가 기능하기 위해 미량이지만 반드시 필요한 원소 중 하나다. 그러나 셀레늄 농도가 특별히 낮은 자연환경에서 사는 게 아닌 이상, 보통의 식습관만으로도 권장량을 채우는 데 무리가 없다. 오히려 과다 섭취했을 때 중금속 중독과 유사한 증상이 나타날 수 있다. 그래서 섭취 허용량과 작업장의 안전 노출 기준이 정해져 있다.

오늘날 셀레늄이 가장 많이 활용되는 분야는 의료가 아니라 제조업이다. 상업적 활용의 50%가량이 유리 제조에 쓰인다. 과거에는 광전지와 반도체 생산에도 많이 쓰였다고 한다. 1876년 영국 물리학자들이 시연한 첫 번째 태양전지에서 빛 흡수를 담당한 것이 바로 셀레늄이었다. 그러나 1950년대 실리콘 태양전지가 개발되면서 셀레늄은 거의 대체되었다.

원소기호 34번 셀레늄은 이미 '영양소의 어벤저스'라는 화려한 수식어와 함께 많은 이들에게 매우 친숙한 '인싸' 중의 '인싸'였다.

한국이 세계 최초로 만든 '로봇 윤리 헌장'

미국의 과학소설 작가 아이작 아시모프의 단편 〈런어라운드(Runaround)〉는 셀레늄이 광전지(photocell)에서 중요한 역할을 하던 1942년에 발표되었다. 이 작품은 인류가 태양계 행성을 자유롭게 오갈 수 있는 미래 사회, 무려 2015년(!)을 배경으로 한다. 오랫동안 방치되었던 광산을 재가동하기 위해 수성으로 파견된 엔지니어 두 명과 휴머노이드 로봇 '스피디(Speedy)'가 그 주인공이다. 어느 날 엔지니어들은 기지의 생명 유지 장치를 구동하는 태양광 발전설비에 셀레늄이 부족하다는 것을 발견한다. 당장 셀레늄을 보충하지 않으면 얼마 지나지 않아 기지 내 온도 상승으로 엔지니어들이 생명을 잃게 될 터였다. 이들은 30km 정도 떨어진 셀레늄 웅덩이에서 셀레늄을 채취해 오도록 스피디를 혼자 내보냈다. 태양과 가장 가까운 행성인 수성의 극한 기온은 로봇만이 견뎌낼 수 있기 때문이었다. 그런데 다섯 시간이 지나도록 스피디는 돌아오지 않았다. 또 다른 구형(舊型) 로봇을 보내서 현장을 확인해보니 스피디는 다리를 절룩이면서 웅덩이 주변을 계속 빙글빙글 돌고 있었다. 얼른 돌아오라는 명령에는 노래를 부르며 주정뱅이처럼 횡설수설 대답했다. 왜 이런 일이 벌어졌고, 이 문제를 어떻게 해결할 것인가.

아시모프는 여기에서 역사적인 로봇공학 3원칙을 풀어놓는다. 제1원칙은 로봇이 인간에게 해를 끼치거나 지시를 따르지 않음으로써 인간이 해를 입도록 해서는 안 된다는 것이다. 제2원칙은 제1원칙과 상충하지 않는 한 로봇은 인간의 명령을

셀레늄

따라야만 한다는 것이다. 마지막 제3원칙은 제1원칙 혹은 제2원칙과 상충하지 않는 한 로봇이 스스로를 보호해야 한다는 것이다. 스피디가 이렇게 이상한 행동을 했던 것은, 셀레늄 웅덩이에 로봇에게 치명적인 위험이 도사리고 있었기 때문이었다. 인간의 명령은 따라야 하는데(제2원칙) 그렇게 하다가는 스스로가 파괴되기 때문에(제3원칙) 이러지도 저러지도 못하는 '랙(lag)'이 걸린 상황이었던 것이다. 고심하던 엔지니어가 선택한 해결책은, 목숨을 걸고 스스로 기지 바깥으로 나오는 것이었다. 인간인 자신들을 위험에 빠뜨림으로써 '로봇은 인간이 해를 입도록 해서는 안 된다'는 제1원칙이 우선적으로 작동해 스피디가 갈등 상황에서 벗어날 수 있도록 하기 위해서였다. 계획은 성공을 거둔다.

　이후 아시모프는 로봇공학 3원칙을 장치로 활용한 작품들을 연달아 발표하며 주목받았고, 과학소설 공동체에서 이 원칙은 일종의 '상식'으로 자리 잡았다. 그런데 1983년 출판된 《여명의 로봇(The Robots of Dawn)》이라는 작품에서 로봇공학 제0원칙이 제시된다. 그것도 로봇의 입을 통해서. 이는 '로봇은 전체 인류의 광범위한 이해를 염두에 두고 행동해야 하며, 그러한 궁극적 선을 위해 필요하다면 다른 법칙들을 넘어설 수도 있다'는 것이다. 전체로서의 인류가 인간 개인의 운명이나 안전보다 우선이라는 뜻이다. 불완전하고 욕심 많은 인간들을 대신해서 인류의 미래를 설계하고, '사심' 없이 옳은 길을 안내하는 홍익인간형 인공지능이라니, 머리를 조아리며 예를 올려야 마땅해 보인다. 그런데 정말 그래도 될까? 이 원칙에 따르면, 로

The Three Fundamental Rules of Robotics:

1. A robot may not injure a human being, or, through inaction, allow a human being to come to harm.

2. A robot must obey the orders given it by human beings except where such orders would conflict with the First Law.

3. A robot must protect its own existence as long as such protection does not conflict with the First or Second Laws.

—*from "Runaround" by Isaac Asimov*

SF의 대부 아이작 아시모프가 단편소설 〈런어라운드〉에서 제시한 로봇공학 3원칙. ⓒAtom.D

봇은 이제 인류의 대의를 위해서, 개별 인간에게 해를 끼치거나 인간의 명령을 거부하거나 스스로를 파괴할 수 있다. 하지만 '인류의 광범위한 이해'가 무엇인지를 과연 누가 판단한다는 말인가.

로봇공학 3원칙은 현실의 기술 발전과 함께 허구의 세계를 벗어나고 있다. 아시모프의 기대와 달리 인공지능을 장착한 만능 도우미나 휴머노이드 로봇은 아직 보편화되지 못했지만, 로봇 청소기부터 자율주행차, 군사용 드론과 폭탄 처리 로봇에 이르기까지 이미 많은 현장에서 인류와 로봇은 공존하고 있다. 그리고 이러한 기술의 개발과 생산, 사용에서 여러 가지 윤리적 딜레마들이 제기되면서 '로봇 윤리'에 대한 논의도 잇따르는 중이다. 이러한 진지한 논의에도 아시모프의 로봇공학 3원칙은 종종 언급된다. 이를테면 한국 산업통상자원부는 2007년에 세계 최초로 '로봇 윤리 헌장' 초안을 마련했는데, 당시 여기에 관여한 전문가들은 외신 인터뷰에서 아시모프의 로봇공학 3원칙을 참고했다고 밝히기도 했다.[1]

로봇 청소기처럼 윤리적 딜레마를 일으키지 않는 단순한 제품도 있지만, 자율주행차처럼 돌발 상황에서 최선의 안전에 대해 '판단'하는 알고리즘을 탑재하거나, 아예 '자율살상무기(LAW, lethal autonomous weapons)'처럼 인명 살상을 목표로 하는 로봇에는 상당한 논쟁이 뒤따른다. 흔히 '킬러 로봇'이라 불리는 자율살상무기는 미리 프로그래밍된 제약과 지시를 바탕으로, 독립적으로 목표물을 수색하고 적군과 교전할 수 있도록 고안된 기기 혹은 시스템을 일컫는다. 지뢰처럼 특정 상황에서 자동으로 작동하거나, 드론처럼 사람의 원격 조작을 통해 작동하는 것은 '자율'이라 말하지 않는다. 일단 활성화되고 나면 인간에 의한 추가 지시나 개입 없이 스스로 표적을 선택하고 교전할 능력을 갖는다는 점이 '자율'의 핵심이다. 로봇이 인간에게 해를 끼쳐서는 안 된다는 로봇공학 제1원칙이나 인간의 명령에 복종해야 한다는 제2원칙에서 완전히 벗어나 있다. 보다 어려운 문제도 있다. 스스로 표적을 선택한다지만, 예컨대 도심 시가전 상황에서 전투원과 민간인을 어떻게 구분할 것인가. 만일 잘못된 판단으로 적군이 아닌 사람을 사살했다면 그 책임은 누구에게 있는가. 킬러 로봇인가, 로봇이 속한 부대의 지휘관인가, 아니면 그러한 시스템을 개발한 공학자인가.

　　게다가 이런 전투 로봇은 전쟁을 점차 비현실적인 것으로 만들고 있다. 인명 피해를 줄이기 위해 개발되었다지만 그건 어디까지나 기술적으로 우월한 아군의 인명에 국한된다. 현실에서는 기계와 기계가 맞붙어 인간 대신 '안전한' 대리전을 치르는 것이 아니라, 기술이 우세한 진영의 기계가 그렇지 못한 진영의 인간을 대상으로 전투를 치른다. 인명을 살상한다는 죄책감을 느낄 겨를조차 사라진다. 물론 제2차 세계 대전 이전 시대처럼 참호를 만들고 직접 총과 칼을 겨루며 육탄전을 벌이는 전투가 '인간적'이었다고 말하려는 것은 아니다. 다만 적대하는 이들 사이의 물리적·심리적 거리가 멀어질수록, 살육과 고통이 벌어지는 현장과 이를 초래하는 행위가 분리될수록, 이해나 공감, 평화적 해결의 가능성은 멀어질 수밖에 없다.

미국의 역사학자 하워드 진은 제2차 세계 대전 당시 군복무에 자원해 공군 폭격수로 근무했다. 파시즘을 물리쳐야 한다는 정의감으로 성실하게 임무를 수행했고, 종전이 임박한 1945년 4월에도 프랑스 해안 도시 로얀에 출격하여 여느 때처럼 네이팜탄을 투하했다. 전쟁이 끝나고 10여 년이 지났을 무렵, 그는 우연히 당시 피해자들의 증언을 듣고 자료 수집에 나선다. 그렇게 알게 된 사실은, 자신이 출정했던 바로 그 공중폭격 작전 때문에 그곳에 살던 1000명 이상의 프랑스 민간인, 그리고 전쟁이 끝나기만을 기다리며 근처에 숨어 있던 독일군이 다수 사망했다는 것이었다. 높은 상공에서 충실하게 작전을 수행하던 하급 장교로서는 미처 생각시 못한 일이었다. 그가 베트남 전쟁과 이라크 전쟁을 반대하며 평화운동에 헌신한 것은 이러한 개인적 각성 경험과 관련이 있다.

사람들을 갈라놓는 가장 강력한 무기

넷플릭스 인기 시리즈 중 하나인 〈블랙 미러〉의 '보이지 않는 사람들' 에피소드는 공감을 차단하는 적극적 기술을 보여준다. 마을에 침입해 병원체를 퍼뜨리고 생필품을 훔쳐가는 돌연변이(극 중에서 바퀴벌레라고 불린다)들을 소탕하는 작전에 군인들이 투입된다. 이들이 현장에서 마주친 적들은 흡사 좀비를 연상시키는 기괴한 몰골을 하고 있다. 군인들은 엄청난 공포 속에서 닥치는 대로 이 돌연변이들을 사살한다. 그러던 어느 날 주

만일 잘못된 판단으로
적군이 아닌 사람을 사살했다면
그 책임은 누구에게 있는가.

스스로 표적을 선택한다는 자율살상무기의 '자율'이 내포한
잠재적 영향은 아직 밝혀진 바 없다.

킬러 로봇인가,
로봇이 속한 부대의 지휘관인가,
아니면 그러한 시스템을 개발한 공학자인가.

인공에게 삽입된 신경 임플란트가 문제를 일으키면서 (그동안 전혀 깨닫지 못했던) 시각적 왜곡에서 풀려난다. 그는 자신이 학살하던 존재가 자신과 같은 '사람'이자 삶의 터전을 빼앗긴 평범한 주민들이라는 사실을 알게 된다. 이제 그는 더 이상 예전과 같은 행동을 저지를 수 없다.

과학소설 작가 조 홀드먼(Joe Haldeman)의 작품 중 국내에 미출간된 장편소설 《영원한 평화(Forever Peace)》는 조금 다른 방식으로 접근한다. 이 소설에서 요원들은 원격으로 조종하는 '솔저보이(soldierboy)'를 이용해 적군과 전투를 벌인다. 이때 원격조종은 손발로 조종기판을 움직이는 것이 아니라 뇌에 직접 잭(jack)을 연결해서 '생각'으로 조종이 이루어진다. 시스템에 연결되어 함께 작전을 수행하는 부대원들 사이에는 보고 듣는 것, 감정까지도 모두 공유된다. 마치 클라우드에서 공유 파일을 함께 보면서 작업하는 것과 같은 것이리라. 이때 한 사람이 부상당하거나 사망하면 남은 부대원들에게도 마치 자신이 직접 경험한 것처럼 충격이 그대로 전해진다. 자신의 의지와 무관하게 징집되어 전투를 이어가던 어느 날, 주인공은 우연히 적군과 신경 접속이 이루어지고 그의 고통과 감정을 고스란히 겪는다. 그리고 이 경험이 연결을 통해서 아군의 부대원에게 점차 퍼져나가고, '그들'이 '우리'와 같은 존재라는 것을 모두가 깨닫게 된다. 이렇게 되자 더 이상 전쟁이 불가능해진다.

사실 타인의 고통에 공감할 수 있는 기회를 차단하는 데 신경 임플란트 같은 첨단기술이 있어야만 하는 것은 아니다. 어

셀레늄

릴 적에 본 반공 만화영화 〈똘이장군〉에서 북한 사람은 사납게 생긴 돼지나 음흉한 늑대로 그려졌다. 당연히 물리쳐 없애야 할 대상이었다. 오늘날 이스라엘은 가자 지구의 마당에서 뛰어노는 어린이도, 병원에서 환자를 진료하는 의사도, 현장을 취재하는 기자도, 심지어 구호품을 전달하는 유엔 직원도 모두 '하마스'라고 말한다. 병원도 대학도 도서관도 모두 하마스의 위장기지다. 그러니 이들을 사살하고 폭파해도 괜찮다고 정당화한다. '타자화'와 혐오는 사람들을 갈라놓는 가장 강력한 무기다.

하지만 인간은 《영원한 평화》에 등장한 신경 접속 장치 없이 그러한 장벽을 뛰어넘을 수 있는 존재이기도 하다. 예컨대 눈먼 아버지를 위해 인당수에 뛰어들어본 경험이 있을 리 없는 21세기의 관객이, 거친 파도에 흔들리는 뱃머리에 올라 최후의 결단을 앞둔 무대 위 심청과 하나 되어 눈물 흘리는 일이 현실에서 얼마든지 가능하다. 직접 그 사람이 되어보고, 직접 그 상황을 경험해야만 타자를 이해할 수 있는 것은 아니다. 인간 존재의 '보편성'을 이해하는 너른 사회적 인식, 그리고 우리의 생각이 틀릴 수 있음을 잊지 않는 겸손한 지성만 있다면 말이다.

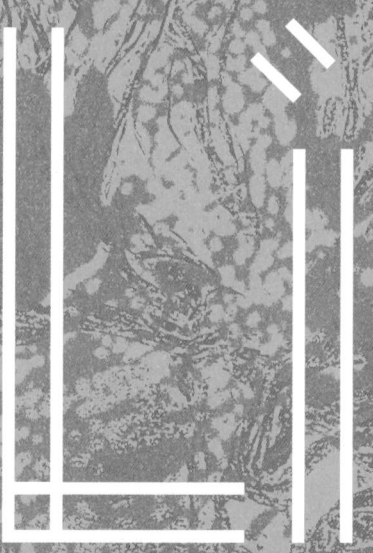

리튬 나비

친환경 영웅의 감추고 싶은 탄생기

리튬 이야기를 해볼 생각으로 다람쥐가 도토리를 모으듯 야금야금 자료를 수집하고 있었다. 윤석열 정부의 뜬금없는 동해안 유전 발견 소식이 발단이었다. "지금? 갑자기?" 또 무슨 꿍꿍이가 있는 걸까 의심부터 들었다. 진짜 석유가 매장되어 있다 해도 걱정스럽기는 마찬가지였다. 2035년이 넘어서야 채굴이 가능하다는데, 그때가 되면 애물단지가 되는 건 아닐까? 탄소 중립 목표는 어떻게 달성할 것이며, 유럽연합과 미국은 2035년부터 내연기관 자동차 판매를 금지한다는데 석유를 어디에 쓴다는 말인가. 그런 의미에서 화석연료에 맞서는 대안 에너지의 선봉장 리튬을 이야기의 주인공으로 '픽'했다.

그런데 사건이 터졌다. 화성의 리튬 배터리 제조 공장에서 대형 화재가 일어난 것이다. 2024년 6월 24일, 단신으로 '리튬 배터리 공장 화재'라는 속보가 떴을 때 큰일 났구나 싶었다. 리튬 배터리 화재의 위험성을 잘 알고 있었기 때문이다. 이른바 '열 폭주' 현상이 위험의 주인공이다. 리튬 배터리는 여러 개의 셀(cell)들로 구성되어 있으며, 각 셀에는 양극과 음극, 이 사이에서 리튬 이온의 이동 통로 역할을 하는 전해질, 양극과 음극이 서로 닿지 않게 해주는 분리막이 존재한다. 우리가 배터리를 사용하고 충전할 때, 보이지 않는 리튬 이온은 이 전해질 통로에서 분주하게 이동한다. 그런데 과열, 물리적 충격에 의해 분리막이 손상되고 셀 내부에 단락(short circuit)이 발생하면 폭발이 일어나고 이것이 연쇄적으로 다른 셀들의 폭발로 이어진다. 특히 배터리 용량이 크고 배터리 자체가 금속 케이스에 싸여 있는 전기차에서 화재가 발생한 경우, 진화가 어렵기로 악명이 높다. 보통의 휘발유 차량 화재 시 2~4톤의 물을 사용하여 진화할 수 있다면 전기차 화재에는 그 10~40배의 물이 필요하다. 아예 차체를 수조에 담그거나 특수 장비를 사용해야 하기도 한다. 차량 한 대에 발생하는 화재의 위력도 이 정도인데 아예 배터리를 생산하는 공장에서 화재가 일어났다니 걱정을 하지 않을 수 없었다. 아니나 다를까 화재를 완전히 진압하기까지 22시간이나 걸렸고 무려 23명이 목숨을 잃었다. 리튬을 글 재료로 골라놓은 상황에서 참사 소식을 접하니, 어쩐지 내가 불길한 예언이라도 한 것만 같아 마음이 무거웠다. 게다가 희생된 노동자 중에는 불법 파견된 이주노동자들이 다수를 차지했다. 여느 산재사고에서처럼, '기-승-전-위험의 외주화'라는 판에 박힌 시나리오는 이번에도 어김없이 작동했다. 첨단기술을 활용하는 미래산업의 초라한 이면이다.

시민들은 이어지는 보도를 통해서 리튬의 속성과 리튬을 취급하는 작업의 위험성은 물론 일차전지와 이차전지의 차이까지 '억지로' 알게 되었다. 매번 이런 식이다. 사실 세월호 참사

열 폭주를 일으키는 리튬 배터리. 화성 리튬 배터리 제조 공장의 화재는 리튬 배터리 3만 여 개가 연쇄적으로 폭발하면서 대형 참사로 이어졌다. ⓒ연합뉴스

가 발생하기 전까지 배에 사용하는 '평형수'의 존재와 의미를 아는 사람이 몇이나 있었을까. 참사는 우리에게 자꾸만 원치 않는 학습을 시킨다.

'관광지' 우유니 사막도 리튬 매장지

요즘은 '리튬' 하면 바로 배터리를 떠올릴 만큼 실생활에서도 익숙한 물질이 되었지만 스마트폰과 전기자동차가 대중화되기 이전까지 리튬은 그리 유명한 물질은 아니었다. 돌·암석이라는 뜻의 'lithos'에서 이름을 따온 리튬(lithium)은 주기율표에서 수소와 헬륨 다음으로 원소기호 3번을 차지하고 있다. 가장 가벼운 고체 원소이자 금속이다. 이들 셋은 빅뱅 후 처음으로 생성된 원소들인데, 수소와 헬륨이 전 우주에 풍부하게 분포하고 있는 것과 달리 리튬은 매우 극소량만 존재한다. 지구에서도 지각의 0.002%만 차지할 정도로 드문 원소 중 하나다.

은백색의 무른 금속인 리튬은 1817년에야 처음 발견되었다. 제2차 세계 대전 이전에는 고온을 견뎌야 하는 비행기 엔진 윤활제로 쓰였고, 내열유리와 세라믹을 제조하는 데에도 사용되었다. 다소 엉뚱해 보이지만, 리튬은 정신질환 치료에도 쓰인다. 1949년 조증(mania) 치료에 쓰이기 시작한 이래, 1970년대 미국 식품의약국(FDA)에 의약품으로 등재되어 오늘날에도 조울증 등 정동장애를 치료하는 데 이용된다. 노르에피네프린 방출을 감소시키고 세로토닌 합성을 증가시켜 기분 안정화에 기여하는 것으로 알려져 있지만, 상세한 생물학적 기전은 아직 분명히 밝혀지지 않았다. 냉전시대에 리튬은 핵융합 무기 생산에 활용되기도 했다. 그러나 냉전과 핵무기 군비 경쟁이 시들해지면서 덩달아 리튬 수요와 생산이 감소했다. 그러다 21세기에 들어 리튬 이온 전지가 개발되면서 리튬은 제2의 전성기를 맞게 되었다.

리튬은 용매를 만나면 쉽게 전자를 용출하여 Li^+가 되며, 열과 전기의 전도성이 높다. 게다가 가볍기까지 하니 휴대용 전자기기에 쓰이는 배터리를 제조하는 데 최적의 재료라고 할 수 있다. 특히 화석연료를 대체하는 전기차의 핵심 부품으로 리튬 이온 배터리 수요가 급증하면서 친환경 시대를 이끌어갈 주인공으로 각광받아왔다. 당연히 몸값도 높아졌다. 2015~2018년에만 가격이 3배 인상되었고, 리튬을 둘러싼 지정학적 갈등까지 일어나고 있다. 새로운 리튬 매장지를 찾아 나서는 모습을 미국의 황금광 시대(gold rush)에 빗대어 '화이트 골드 러시(white gold rush)'로 부르기까지 한다.

리튬은 상업적 활용도가 높은 여느 금속들처럼 몇몇 나라들에 집중적으로 매장되어 있다. 2022년 미국 지질조사국 발표 자료에 따르면, 활용 가능한 리튬 매장량은 칠레 930만t, 오스트레일리아 620만t, 아르헨티나 360만t, 중국 300만t 정도가 된다. 다만 연간 생산량은 7만 5000t 규모로 오스트레일리아가 가장 많고 칠레가 약 3만 8000t으로 그 뒤를 잇고 있다. 그러나 전체 자원 규모를 따지자면 볼리비아에 2300만t, 아르헨티

나에 2200만t, 칠레에 1100만t이 매장된 것으로 추정된다. 라틴아메리카에 위치한 이 세 나라는 '리튬 트라이앵글'로 불리는 소금사막을 보유하고 있다. 아름다운 경관으로 유명한 볼리비아의 우유니(Uyuni), 칠레의 아타카마(Atacama), 아르헨티나의 아리사로(Arizaro) 사막이 그 주인공인데, 이곳에 전 세계 리튬 매장량의 75%가 분포한 것으로 알려져 있다.

리튬은 반응성이 높고 대기 중에서 빠르게 부식하기 때문에 자연계에 단독 원소로 존재하지 않는다. 화성암 형태의 광물로 존재하거나 이온 형태로 염수(鹽水)에 녹아 있다. 소금사막 지하에는 리튬이 함유된 염수가 자리 잡고 있다. 리튬은 화석연료에 맞서는 친환경 산업의 총아로 여겨지지만, 생산 과정 자체는 친환경과 거리가 멀다. 광석 형태의 리튬을 채취하기 위해서는 중장비로 암석을 채굴하고 '산(acid)'을 이용해 원소를 분리해야 한다. 이 과정에서 환경 파괴는 물론, 비소나 안티몬 같은 광산 폐기물이 발생하고 수질오염도 일어난다. 소금사막에서 리튬을 채취하는 것도 쉽지 않다. 지하의 염수를 지표면으로 끌어올려, 마치 염전에서 소금을 만들듯 수분을 증발시켜 농축한 다음 이를 여과하고 화학분해 과정을 거쳐 리튬을 추출한다.

이 과정에 막대한 양의 물이 사용된다. 예컨대 리튬 1t을 생산하기 위해서는 물 190만t이 필요하다고 알려져 있다. 이는 건조한 사막 지역에서 물 부족을 심화시키고 지표수와 식수를 오염시켜 인간은 물론 생태계에 해를 미친다. 이런 문제 때문에 환경 피해를 최소화할 수 있는 채굴·생산 방식에 대한 연구가 활발히 이루어지고 있으나 아직 현실화되지는 않았다.

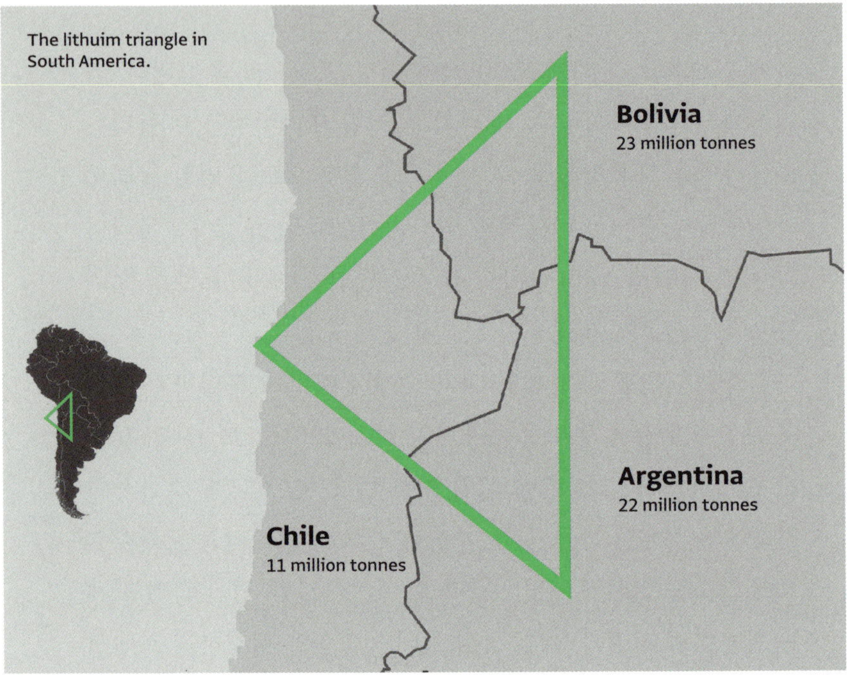

'리튬 트라이앵글'과 NASA 지구 관측소에서 촬영한 우유니 소금사막의 리튬 광산.
©NASA Earth Observatory

그러한 부정적 영향은 항상 그래왔듯 저소득 국가, 그 안에서도 사회적 약자들에게 집중되고 있다. 이를테면 아르헨티나 북부 리튬 트라이앵글 근처에 거주하는 선주민들은 이곳의 리튬 채굴에 반대하며 정부를 상대로 투쟁 중이다.[1] 이곳은 400개 넘는 선주민 부족이 스페인 원정대가 라틴아메리카 땅을 밟기 이전부터 대대로 살아온 지역이다. 하지만 이들의 토지 거래는 기록으로 남겨지지 않았고 현재 이들에겐 법적 소유권이 없다. 리튬 채굴이 시작되면 이들은 삶의 터전을 잃고 쫓겨날 처지다. 가뜩이나 부족했던 물은 더욱 말라가고 오염에 대한 우려도 커지고 있다. 이들의 반대 투쟁은 어쩌면 당연한 일이다.

미국에서도 비슷한 일이 벌어지고 있다. 최근 네바다주 고원지대 사막에서 리튬 매장이 확인되었다.[2] 전기차 생산에 사활을 건 미국으로서는 해외 수입에 의존하던 리튬을 국내 조달할 수 있다면 이보다 좋은 일이 없다. 하지만 이곳은 태고의 아름다운 자연경관을 간직한 곳이자 아메리카 선주민의 역사 유적지이기도 하다. 이곳의 토지는 현재 정부에 귀속되어 있는데 역사적으로 보자면 사실상 선주민들로부터 강탈한 것이다. 지역의 선주민들은 리튬 채굴에 반대하며 소송을 제기했지만, 패소했다.

딜레마가 아닐 수 없다. 인류가 직면한 기후 위기를 늦추기 위해서 리튬이 필수가 되었는데, 바로 이 때문에 그동안 발전의 혜택으로부터 소외당해온 선주민의 권리와 목소리가 다시금 부정당하고 있으니 말이다. 안타까운 점은 선주민 공동체와 환경 운동가들 내부에서도 개발을 둘러싼 갈등이 싹트고 있다는

기후 위기에 책임이 없는 사람들에게
'녹색'의 이름으로 피해가 전가되는 상황이
세계 곳곳에서 반복되고 있다.

미국 네바다주 실버 피크의 리튬 광산. ©simonkr

것이다. 리튬이 필요한 것은 분명한 사실이고, 또 이곳이 워낙 오지이고 경제가 낙후되어 있다 보니 주민들로서는 이만한 일자리를 찾기 어려운 것도 현실이기 때문이다. 온실가스를 배출해서 작금의 기후 위기를 만들어내는 데 거의 책임이 없는 사람들에게 다시금 '녹색'의 이름으로 피해가 전가되고 서로 갈등하게 만드는 상황은 세계 곳곳에서 반복되고 있다.

전자 폐기물 재활용에 동원되는 '어린' 손들

대표적으로, 전자 폐기물(e-waste) 재활용 사업은 가장 빠르게 성장하는 산업 분야 중 하나다. 2019년 기준 전 세계 전자 폐기물 생산량은 5360만t에 달했고, 지난 5년간 21%가 증가했다고 한다. 최근에는 텔레비전이나 냉장고 같은 전통적 전자제품 이외에 휴대전화·노트북·태블릿 같은 소형 전자제품의 증가세가 두드러진다. 전자 폐기물을 재활용하게 되면 매립이나 소각 과정에서 일어나는 직접적 환경오염을 줄일 수 있다. 또한 부품으로 활용되는 금·은·백금·구리·코발트·팔라듐 같은 금속이나 희토류를 채굴하는 과정에서 일어나는 환경 파괴도 막을 수 있다. 앞으로 재활용은 더욱 활발해져야 한다. 문제는 이런 재활용 작업이 주로 중저개발 국가 주민들, 그중에서도 고사리 같은 작은 손으로 싼값에 일할 수 있는 어린이들의 노동에 기대고 있다는 점이다.

전자제품의 재활용이 적절하고 안전한 방식으로 이루어지

지 않으면 주변 환경을 오염시키고 사람에게도 건강 피해를 초래할 수 있다. 태우거나 열을 가하고, 금속을 분리하기 위해 산 처리를 하는 과정에서 수은·납·카드뮴 같은 중금속뿐 아니라 다이옥신·퓨란·PCB·방향족 탄화수소·브롬 화합물 같은 온갖 화학물질에 노출될 수 있다. 이는 신경·발달 장애, 부정적 임신 결과, 폐기능 이상, 심혈관 이상, 갑상샘 이상 등의 다양한 건강 문제를 일으킬 수 있다.

세계보건기구(WHO)의 2021년 보고서에 따르면, 세계적으로 전자 폐기물의 17.4%만이 공식적 관리나 재활용 체계에서 다루어진다.[3] 전 세계 어린이 1800만 명과 여성 1300만 명이 전자 폐기물 재활용과 관련한 건강 위험에 노출된 것으로 추정되는 상황이다.

지구촌 먼 나라들의 이야기가 아니다. 2024년 5월 전주시의 재활용 처리시설에서 가스가 폭발하여 노동자 5명이 전신 화상을 입고 그중 한 명이 사망하는 사고가 일어났다.[4] 하루에 음식물 쓰레기 200~300t을 처리하고, 하수 슬러지 150t을 자원화하던 곳이었다. 이 과정에서 발생한 메탄가스가 적절히 배출되지 않아 폭발이 일어났던 것이다. 사고가 일어나기 전에 노동조합에서 배기시설에 대해 수차례 문제 제기를 했지만 받아들여지지 않았다고 한다.

우리가 내놓는 재활용 폐기물을 선별하는 노동자들 역시 전혀 '친환경적이지 않은' 작업 환경에서 일하고 있다. 재활용에 반대하는 시민은 없지만, 그런 작업이 내 눈에 보이고 우리

사탕수수를 태울 때 발생한 연기가 상파울루 하늘을 가득 채우고 있다. ⓒRSP

동네 근처에서 악취를 풍기는 것은 반기지 않는다. 그래서 전국의 지방자치단체들은 재활용 선별 작업장을 지하에 배치하고 있다.[5] 그럴수록 노동자들의 고통은 가중된다. 노동자들은 무더위 속에서도 마스크 한 장에 의존하여 먼지와 악취를 견디며, 굉음을 내는 컨베이어벨트의 속도에 따라 바쁘게 움직인다.

'바이오연료'가 지구를 구할 것처럼 떠들썩하던 2000년대 중반, 브라질 상파울루를 방문한 적이 있다. 당시 말로만 듣던 바이오에탄올 차량을 처음으로 타보았다. 정말 매연이 하나도 나오지 않고 냄새조차 없다는 사실에 감탄을 금치 못했다. 이것이 미래 기술이구나! 그날 밤, 맥주 한잔과 함께 은은한 구름에 둘러싸인 보름달을 칭송하던 여행자의 작은 낭만은 현지 친구의 '팩트 폭격'에 산산이 부서졌다. 달에 드리운 운치 있는 그림자가 구름이 아니라는 것이다. 그것은 바이오연료를 생산하려고 몰래 사탕수수밭과 숲을 태워서 발생한 연기와 재 가루라고 했다. 아연실색한 나에게 그가 손으로 거리 곳곳을 가리켰는데, 눈길이 닿는 곳마다 도시 외곽으로부터 날아온 재 가루가 쌓여가고 있었다. 배신감이 들었다. 낮에 본 바이오디젤, 바이오에탄올 자동차들의 환상적 모습은 다 사기였단 말인가. '친환경'은 이렇게밖에 할 수 없는 것인가?

기후 위기는 정말 어려운 도전 과제다. 지구온난화 과정에서 가장 커다란 피해를 입고 있는 이들은 지금까지 지구에 탄소 발자국을 거의 남기지 않았던 중저개발 국가, 그리고 세계 곳곳의 가난한 시민들이다. 그런데 기후 위기에 대응하기 위한 녹색 전환에서 또다시 이들이 그 부담을 짊어지고 있다. 일자리를 잃고, 새로운 화학물질의 위험에 노출되며, 사람들이 기피하는 쓰레기 더미와 온종일 싸우고, 때로는 살고 있던 곳에서 쫓겨나기까지 한다. 우리에게는 '닥치고 녹색'이 아니라 '정의로운 전환'이 절실하다.

알루미늄

숲

살아남은 사람들도 아프다

내가 도대체 이걸 왜 보고 있는 거지? TV 홈쇼핑 화면에 혼을 빼앗길 때가 가끔 있다. 이를테면 화면 가득 확대한 모델의 콧잔등에서 피지를 한 개씩 쏙쏙 뽑아내거나, 종아리에 비누칠을 한 쇼핑호스트가 자신의 가락국수 같은 때를 열정적으로 보여주는 순간들이 그렇다. 기상천외한 제품의 기능, 인체의 신비, 직업적 성실함의 예상치 못한 조합은 그저 감탄을 자아낼 뿐이다.

얼마 전, 나의 감탄 목록에 3중 바닥에 특수코팅을 장착한 프라이팬 세트가 추가되었다. 고추장 양념으로 버무려진 낙지볶음을 태우고도 물 한 번만 끼얹으면 말끔히 세척될 뿐 아니라, 곧바로 달걀지단과 밀전병을 부쳐도 프라이팬 안에서 컬링스톤처럼 매끄럽게 움직였다. 입을 벌린 채 화면에 빠져들었다. 연속 매진이라는 자막이 터무니없는 과장은 아니었는지, 어느 날 출근길에 이웃집 현관 앞에 배송된 바로 그 제품을 직접 마주치기도 했다. 난데없는 반가움 한편에, 저출생·고령화와 기후변화라는 중대한 위기 상황에서 저 많은 프라이팬들을 다 어쩔 것인가 마음 한편 걱정을 떨쳐버릴 수 없었다. 그나마 위안

알루미늄

이 되는 소식은 프라이팬의 소재가 되는 금속 자원들은 재활용 비중이 상대적으로 높다는 것이었다.

프라이팬에서 높은 열전도율을 담당하는 재료는 원소기호 13번, 알루미늄이다. 이는 특히 재활용률이 높은 금속이다. 알루미늄은 지각을 구성하는 요소 중 세 번째로 흔한 원소이지만 우리에게 익숙한 금속 형태로 자연계에 존재하지는 않는다. 주로 보크사이트라는 광석에 포함된 화합물을 전기분해하여 알루미늄 금속을 얻어야 하는데, 이때 상당한 규모의 전기에너지가 필요하다. 천문학적 전기요금을 감당하기보다는 분리배출된 캔 등을 열로 녹여서 알루미늄을 회수하는 것이 훨씬 경제적이다보니 재활용률이 높을 수밖에 없다.

인류가 알루미늄 원소를 발견한 것은 비교적 최근인 1825년이다. 하지만 이미 기원전 5000년께 메소포타미아 지역에서 만들어진 도자기에도 알루미늄 성분이 들어 있었다. 이집트나 바빌론에서는 알루미늄 성분이 함유된 찰흙이 의약품으로 쓰이기도 했다고 전해진다. 정제 기술이 발전하기 전에는 '찰흙 속의 은'으로 불리면서 귀금속 대우를 받기도 했다. 나폴레옹 3세가 자신의 왕관을 알루미늄으로 만들었다는 이야기는 유명하다.

오늘날 귀금속의 지위는 잃어버렸지만, 산업 현장과 일상생활에서 알루미늄은 매우 다양하게 활용되고 있다. 철 무게의 3분의 1밖에 안 되면서 강도가 뛰어나고 열과 전기의 전도성이 좋기 때문에 건물과 차량의 구조물, 송전선, 주방에서 사용하는 포일, 냄비와 프라이팬, 음료 캔 등 수많은 제품을 만드는 재료

위: 알코아에서 출시한 알루미늄 포일의 광고 인쇄물. ©Alcoa
아래: 알루미늄의 대량 생산을 이끈 화학자이자 알루미늄 제조업체 알코아를
설립한 찰스 홀.

로 쓰인다.

　이렇게 산업적 규모의 알루미늄 생산이 가능해진 것은 1886년 미국과 프랑스의 화학자들이 전기분해 제련법을 발견한 덕분이다. 이 중 미국의 화학자 찰스 홀(Charles M Hall)은 1888년에 알코아(Alcoa)라는 알루미늄 제조업체를 직접 설립하기까지 했다. 그리고 이 회사는 130년 넘는 역사를 지금도 이어가는 중이다. 지구 반대편에 위치한 알루미늄 제조사의 이름을 보건학 전공자인 내가 어찌 알게 되었을까? 바로 이곳에서 이루어진 연구 때문이다.

　알코아는 1997년부터 학계와 협력하여 노동안전보건에 관한 광범위한 연구용 데이터베이스를 구축한 것으로 유명하다. 이곳에서 이루어진 초기 연구는 전통적인 직업안전보건 문제, 이를테면 작업환경에 존재하는 물리화학적 유해 인자, 노동시간 같은 문제들에 집중되었다. 그러나 이후 미국 국립노화연구소와 국립직업안전보건연구원 등의 연구비 지원을 받으면서 연구 범위가 점차 확대되었다. 수집하는 데이터의 범위도 기업 내부의 작업환경 측정 자료와 고용·인사 자료를 넘어서 사망 자료, 건강보험 청구 자료, 국세청 세금 신고 자료, 센서스 자료 등으로 확장되었고, 데이터 사이의 연계도 이루어졌다. 노동자 개개인의 고용 상태와 유형, 직급과 직무, 급여와 수당의 변화 상황을 파악할 수 있고, 미국 15개 주에 흩어진 사업장들이 동일한 (심지어 넉넉한) 건강보험 혜택을 제공해왔기 때문에 고용과 노동환경의 장기간에 걸친 건강 영향을 분석하기에도 안

성맞춤이다.

아메리칸 매뉴팩처링 코호트(American Manufacturing Cohort·AMC)라는 이름으로 진행된 알코아의 코호트 연구는 2016년 회사가 두 개로 분리될 때까지 계속되었고, 지금도 연구자들에 의해 연계 데이터의 업데이트가 지속되고 있다. AMC 데이터에는 14만 2000여 명의 노동자 정보가 담겨 있다. 이 중 약 71.9%가 시급 형태로 임금을 받는 생산직이고, 75.7%는 남성, 69.8%는 백인, 평균연령은 41.4세다. 미국 사회의 제조업 백인 남성 노동자의 전형을 나타내는 표본이라고 말할 수 있다.

대량 해고 '생존자'들 건강은 어떨까

알코아라는 이름이 나의 뇌리에 각인된 것은 리먼브라더스 사태에서 촉발된 2007~2009년 '대침체(the Great Recession)' 시기의 대량 해고가 건강에 미친 영향을 다룬 논문 덕분이다. 이 시기는 1930년대 대공황 이후 미국에서 가장 심각했던 경기침체기로 여겨진다. 사실 실업이 노동자나 그 가족의 신체적·정신적 건강에 부정적 영향을 미친다는 연구는 무수히 많다. 그래서 실업자나 그 가족의 보호 정책들이 제안되고는 한다. 그러나 대량 해고의 칼바람 속에서 살아남은 '생존자들'에 대한 연구는 많지 않았다. 그나마 기존 연구들은 방법론 측면에서 여러 비판을 받았다. 무엇보다도 원래 건강 상태가 좋았던 사람들일수록 해고를 피해 갈 가능성이 높기 때문에, 대량 해고 사건이 생존자의 건강에 미친 인과적 효과에 대해 결론을 내리기 어려웠다.

AMC 연구는 경제위기가 발생하기 훨씬 이전인 1990년대 후반부터 고용 상태와 건강에 대한 상세한 자료를 축적해왔기에 이런 한계점을 극복할 수 있었다. 또한 대침체기에 인력 감축의 폭이 5% 미만인 곳에서부터 40%에 이르는 곳까지, 사업장마다 고용 충격의 정도가 상당히 달랐기 때문에 동일한 코호트 구성원 사이에서 고용 충격 정도의 차이에 따른 비교를 하는 것이 가능했다.

2013년에 발표된 논문은 2006년 1월부터 2010년 1월까지 고용이 지속되고 건강보험 청구 자료가 가용한 1만 3000여 명을 분석 대상으로 삼았다.[1] 2008년에 100명 이상이 고용되어 있던 30개 사업장 중에서, 2009년 1년 동안 인력이 20% 이상 감소하거나 동일한 날짜에 40명 이상의 고용이 종결된 이벤트가 있었던 사업장들을 '대량 해고 고위험군'으로, 인력 감소가 11% 미만인 사업장을 '저위험군', 나머지 사업장을 '중등도 위험군'으로 정의했다. 노동자 개개인의 성별, 나이, 인종, 고용계약 형태, 임금 구조(시급, 월급), 근속기간, 개인별 건강 위험 점수, 사업장 위치와 지역의 실업률, 노동조합 유무 등의 변수도 고려했다.

분석 결과, 예상대로 경제위기 이전에 건강한 노동자일수록 해고를 피해나갈, 즉 '생존' 가능성이 뚜렷하게 더 높았다. 그런데 생존자들 사이에서도 차이가 있었다. 다른 요인을 모두 고려했을 때, 대량 해고 고위험 사업장의 생존자들은 저위험 사업장의 생존자들에 비해 고혈압 발생 위험이 더 높은 것으로 나타났다. 사업장이 위치한 지역의 실업률이 높으면 고혈압 발생 위험이 더욱 높아졌고, 이러한 건강 위협은 시급을 받는 생산직 노동자에게 집중되어 있었다.

    2019년에 발표된 또 다른 AMC 논문은 고용 불안이 정신건강과 일터에서의 손상에 미치는 영향에 관심을 두었다.[2] 이번에는 2003~2013년 동안 30개 사업장을 대상으로 매 분기(3개월)마다 시급 노동자, 즉 생산직 노동자 고용 규모를 측정해 20% 이상 감소가 일어난 경우를 대량 해고라고 정의했다. 분석에는 1만 5000명 이상의 생존 노동자가 포함되었으며, 총 7차례 대량 해고 이벤트를 확인할 수 있었는데, 역시 2009년에 대량 해고 이벤트가 가장 많았다. 이렇게 대량 해고가 발생한 사업장의 해당 분기와 이전 연도 같은 분기 사이에 소속 노동자의 건강 변화를 측정하고, 대량 해고가 발생하지 않은 사업장을 대조군으로 삼아 여기에 속한 생존 노동자의 같은 기간 건강 변화를 측정하여 비교하는 이중차분법을 이용했다.

    분석 결과 대량 해고 발생 분기에 손상은 경미하게 감소했지만, 정신과 외래 방문은 1% 늘어났고, 정신과 약물 처방 확률이 1.4% 늘어난 것을 확인할 수 있었다. 의약품 처방 증가는 일차적으로 오피오이드(opioid, 중추신경계에 작용하는 마약성 진통제)와 관련 있었다.

    대규모 알루미늄 제조사에서 이루어진 이들 연구는 해고의 칼바람을 피했으니 이제 다 괜찮다고 말할 수는 없음을 보여 준다. 미래에 대한 불확실성, 고용 불안정에서 비롯된 스트레스와 불안은 현실의 실직으로 이어지지 않더라도 그 자체로 건강을 잠식한다.

미국의 기대수명이 줄어드는 이유

부부 경제학자 앤 케이스와 앵거스 디턴은 2015년 '절망의 죽음(death of despair)'이라는 용어를 처음으로 사용하며, 미국 노동계급이 직면한 건강 위기를 지적해왔다.[3] 20세기 초반부터 현재까지 대부분의 선진국에서는 기대수명이 꾸준히 상승해왔다. 그러나 미국에서는 1990년대 말부터 중장년 인구의 사망률이 높아지고 기대수명은 줄어드는 매우 독특한 양상을 보이고 있다. 이 문제는 주로 백인 저학력 인구 집단, 즉 전통적인 산업노동자 계층에서 두드러진다. 사망 증가를 가져온 주요 사인(死因)은 약물과 알코올 중독, 자살, 만성 간질환과 간경화 등이다. 사망에 앞서는 다양한 건강지표들, 이를테면 자가 평가 건강 수준, 정신건강, 장애, 만성 통증, 건강 문제와 관련한 노동 불능 상태 지표들도 역시 악화되고 있다.

　이 문제의 원인을 한 가지로 콕 집어서 이야기할 수는 없다. 하지만 불평등·빈곤 등 여러 가지 요인 중에서 '절망의 죽음'과 가장 일관되게 상관성을 보인 것은 지역의 고용률이었다. 만일 사람들이 자발적으로 일을 안 하기로 선택한 것이라면 노동력이 귀해진 만큼 현재 일하고 있는 사람들의 임금이 올라가고 이들의 삶의 질이 개선되어야 마땅하다. 하지만 제조업 부문 노대부분의 선진국과 달리 미국에서는 1990년대 말부터 백인 중장년 인구의 사망률이 높아지는 독특한 양상을 보인다.

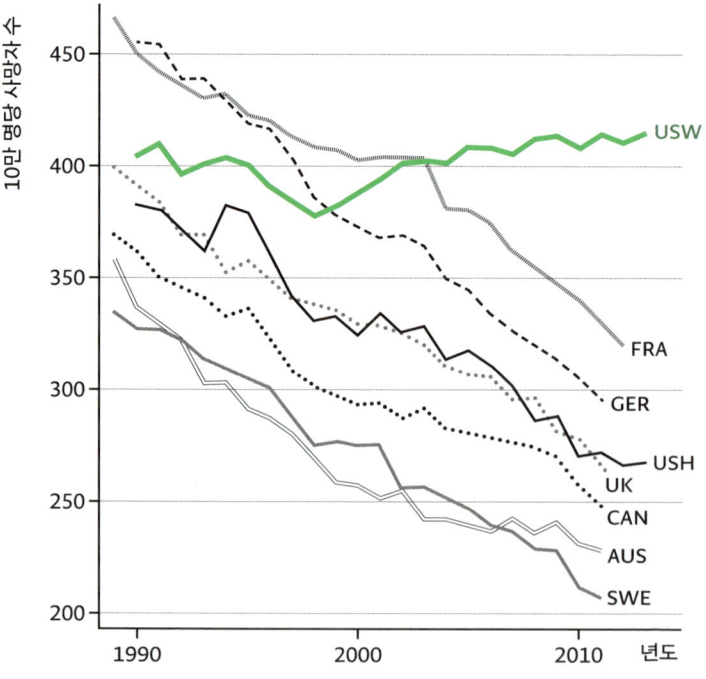

국가별 45~54세 사망률(미국 백인 비히스패닉(USW), 미국 히스패닉(USH), 그리고 6개 비교 국가: 프랑스(FRA), 독일(GER), 영국(UK), 캐나다(CAN), 호주(AUS), 스웨덴(SWE).
(앤 케이스·앵거스 디턴, 〈21세기 비히스패닉 백인 미국인의 중년기 사망률과 질병률 증가〉, PNAS, 2015)

동자들의 임금은 수십 년째 정체되고 있다.

　일자리 자체가 통째로 사라지고, 그나마 존재하는 일자리는 불안정하고 임금이 낮으며, 이런 상황이 나아질 거라는 전망도 보이지 않을 때, 사람들은 '절망'에 빠진다. 일은 생계를 이어갈 수 있는 가장 중요한 (때로는 유일한) 수단이면서, 동시에 그저 생계 수단만은 아니기 때문이다. 우리는 일을 하다가 다치고 아프고 마음에 상처를 받으면서도 여전히 일을 통해 삶의 의미를 찾고 사회적 존중과 정체감을 얻는다. 일자리가 없다는 것은 이를 획득하는 데 실패한다는 것이다. 게다가 노동시장에서 배제되면 절망에서 비롯된 상처를 치료하는 것 자체도 어려워진다. 공적 건강보험제도가 존재하지 않고 의료 서비스 가격이 매우 비싼 미국 사회의 독특한 초상이다. 이제 쉽게 구할 수 있는 오피오이드와 술이라는 '셀프 처방'에 의존하게 된다.

　논문에 건조하게 기술된 '20% 대량 해고' '같은 날짜에 40명 이상 계약 종료' 같은 사건은 자연실험(natural experiment) 설계를 가능하게 만드는, 연구자가 반색할 만한 '유용한' 변수가 된다. 하지만 숫자 뒤에 익명으로 존재하는 수많은 노동자들의 고통을 떠올리면, 사건도 없고 이런 논문이 쓰일 일도 없었으면 더 좋았을 것이라는 생각을 지울 수 없다. 게다가 단기간의 극적 사건으로 나타나지 않는 장기적 경기침체, 일자리 감소, 일자리의 질 저하는 시간이 한참 흐르고 나서야 질병과 죽음이라는 청구서로 날아들고, 뒤늦은 연구는 그저 무력할 뿐이다. 그럼에도 이런 연구들에 다시금 눈길이 가는 것은 요즘 한국 경제 상황 역시 심상치 않은 탓이다.

대부분의 일은 단순히 생계 수단만은 아니다.
우리는 일을 하면서 다치고 아프고 상처받으면서도
여전히 일을 통해 삶의 의미를 찾고 사회적 존중을 얻는다.

수소

산 테러를 저지르는 못난 마음

수소는 주기율표 1번 원소다. 주기율표는 원소의 발견 순서나 가치(?)에 따라 번호를 매기는 것이 아니라 질량과 구조 특성에 따라 행과 열을 배정하고 번호를 부여한다. 대체로 질량이 무거울수록 뒷번호를 받는다. 수소는 지금까지 발견된 118개 원소 중 가장 가볍기 때문에 1번이다. 하지만 역사와 가치를 따져서 순서를 매긴다 해도 1번의 자격이 있다. 수소는 세상, 아니 전 우주에서 가장 먼저 탄생한 첫 번째 원소다. 138억 년 전, 빅뱅이 일어난 첫 1초에 탄생했다. 당시에는 아직 온전한 원소가 아니라 수소 핵에 해당하는 양성자만 있는 상태였고, 약 37만 년이 지나 전자가 양성자와 결합할 만큼 우주가 식으면서 비로소 수소 원소의 모습을 갖추게 되었다. 수소는 우주에서 가장 풍부한 원소로, 모든 물질 질량의 75%를 차지하는 것으로 알려져 있다.

수소는 태양을 존재하게 만드는 동력이자 지구를 먹여 살리는 에너지이기도 하다. 태양에서 수소 원자핵끼리 융합이 일어나 중수소(^{2}H)와 삼중수소(^{3}H) 그리고 헬륨(He)이 생성되는

데, 이때 엄청난 양의 에너지가 방출된다. 태양은 수소폭탄으로 작동하는 거대한 발전소에 다름 아니다. 이 에너지는 지구의 모든 생명체를 말 그대로 먹여 살린다. 이뿐만 아니라 수소 자체가 지구 생태계를 구성하는 필수 요소이기도 하다. 물은 말할 것도 없고, 생명체의 몸을 구성하는 데 빠져서는 안 되는 원소다.

　기체 상태의 수소 분자(H_2)는 맛, 냄새, 색깔이 없고 불이 잘 붙는다. 18세기 무렵, 금속에 산(acid)을 투여할 때 발생하는 기체를 태웠더니 물이 되는 것을 발견하면서 수소의 존재가 알려졌다. 이후 물(hydro)을 만든다는(gen) 뜻의 그리스어를 따와서 수소(hydrogen)라는 이름을 지었다. 실험이 너무 해보고 싶어서 친구와 함께 대학 실험실에 몰래 들어간 중학생 프리모 레비를 혼비백산하게 만든 것도 수소였다. 물을 전기분해하여 나온 기체가 수소라는 것을 친구에게 증명하기 위해 불을 붙였다가 유리병이 폭발했던 것이다. 참외밭 서리가 아니라 화학 실험 서리를 하는 청소년의 사연은 꽤나 낯설다. 과연 될성부른 나무는 떡잎부터 남다르다.

　수소는 산업적 활용도 활발하다. 가볍고 불에 잘 타는 속성을 이용하여 1806년에 연료 엔진이, 1823년에 가스등이 개발되었다. 1852년에는 비행선이 개발되면서 대서양을 가로지르는 교통편으로 널리 이용되기도 했다. 하지만 1937년 비행선 '힌덴부르크'가 미국 뉴저지주에서 착륙하던 중 폭발하는 참사 이후 비행선 연료는 점차 불에 타지 않는 헬륨으로 대체되었다. 원래 헬륨용으로 설계된 비행선에 수소를 주입했다가 배관 손상 때문에 일어난 사고라는 점에서, 수소 입장에서는 좀 억울

'힌덴부르크'의 폭발은 원래 헬륨용으로 설계된 비행선에 수소를 주입하는 바람에 배관 손상으로 일어난 사고였다.

했을 법도 하다. 어쨌든 오늘날 기상 비행선에는 여전히 수소가 사용되고 있다.

이뿐만 아니라 정유화학 산업에서는 수소첨가 분해 공정을 통해 디젤과 윤활유 같은 제품을 만들어낸다. 인류를 식량난에서 구원한 비료 생산, 즉 암모니아 생산공정에도 수소가 필수다. 최근에는 화석연료를 대체하는 미래 에너지로 각광받고 있다. 연료전지에서 산소와 반응시켜 전기에너지를 얻거나, 수소 자체를 연소시켜 구동력을 얻을 수 있다. 국내에도 수소를 에너지원으로 사용하는 트럭과 버스가 이미 출시되어 운행 중이다. 수소 자동차는 배기가스로 수증기만 배출한다는 점이 무엇보다 장점이다.

왜 '산 테러'를 저지르는가

수소가 활약하는 또 다른 분야는 산-염기 반응이다. 수소는 전자를 방출하는 성격 때문에 양이온(H^+)이 되기 쉬우며, 수소 이온 농도가 높을수록 산성이 강해진다. 산-염기의 정도를 나타내는 pH는 수소 이온의 농도를 말한다. 숫자가 작아질수록 강산성을 의미한다. 우리 몸 혹은 일상생활에는 다양한 종류의 '산'이 존재한다. 대표적으로 빈속에 속쓰림을 유발하기도 하지만 사실 소화에서 중요한 역할을 하는 위산은 염'산'(HCl)이 주성분이며 pH2 정도로 강력한 산이다. 신맛을 내는 식초에는 아세트'산', 새콤한 과일에는 시트르'산', 톡 쏘는 콜라에는 탄'산'이 들어 있다. 만병통치약 아스피린의 성분은 아세틸살리실'산', 비타민C는 아스코르빈'산'이다. 무엇보다 생명의 근본인 DNA와 RNA 또한 핵'산'(nucleic acid)이다.

산은 산업공정에서도 많이 쓰이는데 고농도 산은 매우 위험한 물질이라 대단히 주의해서 사용해야 한다. 피부가 고농도 산에 노출되면 단백질 변성과 화학적 화상이 일어난다. 심각한 노출 시 피부층을 지나 근육과 조직, 심지어 뼈까지 손상시키며, 심한 경우에는 목숨을 잃을 수도 있다. 이렇게 위험한 속성을 이용하여 '산 테러(acid attack)'라는 치명적 폭력이 일어나기도 한다. 특히 '젠더폭력'에서 사용되는 빈도가 잦다. 세계적으로 산 테러 피해자의 80%는 여성이며, 가해자는 대부분 남성이다.[1]

산 테러는 황산이나 질산, 염산 같은 강산 용액을 타인에게 투척하는 행위를 일컫는다. 희생자의 사진을 한번만 보면 이것이 얼마나 끔찍하고 악의적인 범죄인지 알 수 있다.[2] 공격은 주로 얼굴 부위에 가해지는데 말 그대로 피부·뼈·살이 녹아내리면서 견딜 수 없는 통증을 유발하고, 심각한 장애를 남긴다. 눈이나 귀 부위에 노출되면 시력이나 청각을 잃게 된다. 코의 연골이 파괴되어 콧구멍이 완전히 막히기도 하고, 입술이 파괴되거나 변형되어 말을 못 하고 음식을 섭취하지 못하는 상태가 될 수도 있다. 심한 외모 변형과 장애 때문에 학업이나 일을 하기 어렵고 치료 비용이 막대해서 경제적 곤경에 빠질 가능성이 크다.

다행히 장애가 남지 않더라도 공격을 받은 경험 자체가 일상에 대한 공포, 지울 수 없는 트라우마를 남긴다. '젠더폭력'에서 산 테러가 주로 얼굴 부위를 표적으로 삼는 데에는 이유가 있다. 피해자를 살해하기 위해서가 아니라 (죽이는 것이 목표라면 더 확실한 방법들이 많이 있다!) 여성의 외모를 망가뜨려서 향후 연애, 직업적 전망, 재정적 안정성, 사회적 지위를 무너뜨리는 것이 가해자들의 진짜 목표다.

산 테러 사례의 동기를 분석한 연구에 따르면, 자신의 사랑 고백이나 청혼이 거절당한 것, 여성으로부터 이별을 통보받는 것, 심지어 여성이 자신보다 성공한 것도 공격의 사유였다.[3] 국내에서 일어난 이성 간 산 테러 사건의 양상도 비슷하다. 예컨대 헤어진 연인을 8개월이나 스토킹하던 남성이 여성의 집으로 찾아가 '평생 숨어 살아라'라고 외치며 염산 테러를 가해 전신 곳곳에 화상을 입힌 사례가 언론을 통해 알려졌다. 놀랍게도 가해자는 범죄 이력이 없고 피해자의 상태가 위중하지 않다는 이유로 징역 1년에 집행유예 2년을 선고받았다.[4] 여성의 '노(No)'를 견딜 수 없고 여성이 자신보다 잘난 것도 받아들일 수 없는 병약하고 비뚤어진 에고(ego)와 '여성에게는 외모가 유일한 자산'이라는 망상이 결합했을 때, 여성의 인생을 망치는 수단으로 산을 투척하는 것이다. 여성에게는 남성의 뜻을 거부할 권리가 없다는 것을 보여주는 상징적 행동이기도 하다.

산 테러는 여전히 가부장적이고 결혼 지참금, 명예살인 같은 악습이 남아 있는 인도, 파키스탄 등지에서 가장 많이 발생한다. 이를 다루기 위한 법률까지 만들어졌을 정도다. 하지만 산 테러는 결코 이들 국가만의 문제가 아니다. 오스트레일리

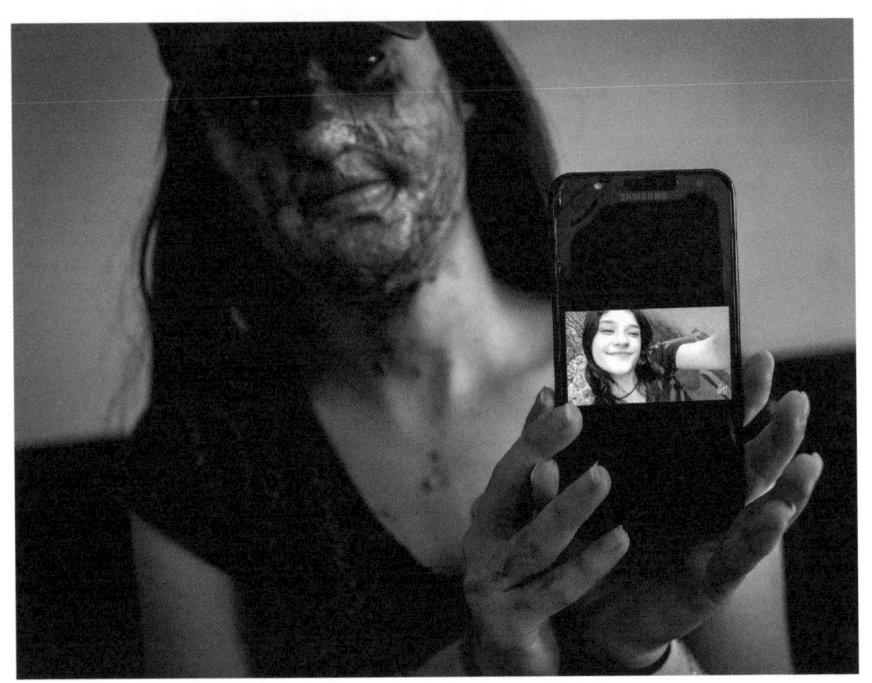

산 테러는 주로 얼굴 부위를 표적으로 삼아
여성의 외모를 망가뜨려서 향후 연애,
직업적 전망, 재정적 안정성, 사회적 지위를
무너뜨리는 것이 목표다.

남자친구의 산 테러로 피부가 녹아내리고 한쪽 눈의 시력을 잃은 19세 생존자가
예전 모습의 사진을 보여주고 있다. ⓒ연합뉴스

아·영국·미국·이탈리아 등지에서도 여성에 대한 산 테러가 지속적으로 보고되고 있다.[5] 특히 영국은 2017년에 산 테러 941건이 보고된 이래 꾸준히 감소하다가 2022년에 다시 710건으로 늘어났고 처음으로 여성 피해자 수가 더 많아졌다. 그동안 영국에서의 산 테러 범죄는 주로 마약 거래, 범죄 조직 간 충돌 같은 남성 대 남성의 거리 폭력 상황에서 일어났는데, 최근 그 양상이 달라진 것이다.

한국은 공식 통계조차 없어

전통적 가부장주의가 약화되고 여성 인권이 증진되면 젠더폭력 문제도 개선될 것이라는 기대는 좀처럼 실현되지 않고 있다. 오히려 백래시와 함께 전 세계가 젠더폭력 문제로 몸살을 앓고 있다. 2024년 7월 영국 정부는 젠더폭력이 '유행병(epidemic)' 수준에 이르렀다며 "이를 국가적 긴급(national emergency) 상황으로 다룰 것"이라고 발표했다.[6] 잉글랜드와 웨일스에서 매년 연간 200만 명, 여성 12명 중 최소 한 명이 젠더폭력을 당하는 것으로 경찰에 보고되고 있다. 그러나 실제 숫자는 그보다 많을 것으로 추정된다. 2022년 4월에서 2023년 3월 사이에 '매일' 2959건의 젠더폭력 관련 범죄가 보고되었고, 이는 잉글랜드 경찰이 집계한 전체 범죄의 20%를 차지하는 규모였다. 젠더폭력은 치명적 결과로 이어지기 쉽다. 이를테면 잉글랜드에서 살인사건 6건 중 하나가 가정폭력과 연관되어 있다. 지난 5

년 동안 젠더폭력 관련 범죄는 37% 증가했고 피해자와 가해자 모두 연령이 점차 낮아지고 있다. 예컨대 아동 대상 성착취는 2013~2022년에 400% 증가했고, 아동이 가해자인 범죄도 55.6% 늘었다.

2022년 영국 치안 당국이 발표한 보고서는 여성혐오적 인플루언서들에 의해 남성과 소년들이 영향을 받아 극단주의로 변해가는 현상에 대해, 경찰이 주의를 기울여야 한다고 촉구했다.[7] 전문가들은 테크기업이 소년들을 표적으로 하는 유독한 여성혐오적 콘텐츠 노출을 멈추고, 온라인 플랫폼에서 그루밍·성학대가 번창하는 것을 막는 안전 수단을 도입해야 한다고 주장했다. 정부만이 아니라 언론에서도 이 문제를 중요하게 다루고 있다. 〈가디언〉은 영국 사회에서 날로 심각해지는 젠더폭력 문제를 환기시키기 위해 '죽은 여성 헤아리기: 페미사이드 센서스와 살해된 여성들(Counting Dead Women, The Femicide Census and Killed Women)'이라는 프로젝트를 통해, 남성에게 살해된 것으로 알려진 모든 여성들의 사례를 아카이빙하고 있다.[8]

호주에서도 비슷한 움직임이 있다. 호주 시민사회는 2012년부터 '죽은 여성 헤아리기(Counting Dead Women)' 프로젝트를 통해 페미사이드 사례들을 아카이빙하며 개선을 촉구해왔다.[9] 이곳 집계에 따르면 호주에서 2023년에만 여성 64명이 살해되었다. 호주 정부는 젠더폭력을 '국가적 위기'로 규정하고 2024년 5월, '남성의 행동을 개선하기 위한' 특임장관을 임명했다. 젠더 스테레오타입을 변화시키고 존중이 담긴 관계를 보여주는 롤모델을 만드는 것이 이 장관의 주요 임무이다.[10]

젠더폭력과 페미사이드의 심각성에 대한 인식이 높아지면서, 2022년 유엔 여성기구와 유엔 마약범죄사무소는 '페미사이드 통계 수집을 위한 국제통계 프레임워크' 도입을 결정했다.[11] 이는 페미사이드를 식별하고, 국가들 사이에 비교 가능한 통계를 산출하는 것을 목표로 삼고 있다. 이 기준에 따르면, △친밀한 파트너에 의한 의도적 살인 △가족 구성원에 의한 살인(명예살인 등) △성차별적 동기가 나타나는 가해자에 의한 살인 중 하나에 해당하면 페미사이드로 규정된다.

국내에서도 그동안 시민사회와 많은 전문가들이 젠더폭력에 대한 공식 통계를 산출하고 성차별·여성혐오와 관련된 범죄를 식별해야 한다고 주장해왔다. 하지만 정부는 가해자 입으로 '여자라서' 때리고 죽였다고 밝힌 사건들마저도 혐오범죄임을 부인하고 '묻지 마 살인' '이상 동기 범죄' 같은 애매한 명칭을 사용하고 있다. 국가 공식 통계가 없는 상황에서 '한국여성의전화'는 세계 여성의 날을 맞아 언론에 보도된 살인사건들을 분석하여 '분노의 게이지 보고서'를 발표했다.[12] 이 보고서 집계에 따르면 2024년에 친밀한 관계의 남성에 의해 살해된 여성은 최소 181명으로 추정된다. 살해 위협과 살인미수까지 포함하면 555명이다. 인구 규모를 고려하면 호주의 페미사이드 규모와 비슷하지만, 품격 있는 한국 사회는 호주처럼 '국가적 위기' 운운하며 호들갑을 떨지 않는다. 이 보고서에서 분석한 범행의 이유도 예상을 크게 벗어나지 않는다. '홧김에, 싸우다가 우발적'이라고 '주장'한 사건이 155건(24%), 여성이 이혼·결별을 요구

한국여성의전화는 2009년부터 2024년까지 15년 동안 남성 파트너에게 살해된 여성과 주변인을 최소 1,672명으로 추정한다. 2024년 11월 25일 서울 종로구 보신각 앞에서 피해자를 상징하는 신발을 전시하고 여성 살해를 규탄하는 퍼포먼스를 펼쳤다. ⓒ연합뉴스

하거나 재결합·만남을 거부해서가 136건(21%), 외도나 불륜을 '의심'해서가 83명(13%), 여성이 '자신을 무시해서'가 28건(4%) 순이다. 인도의 산 테러에서, 영국과 호주의 페미사이드에서 반복적으로 등장하는 레퍼토리다.

여성의 주체적 선택과 결정을 받아들이지 못하는 '네가 감히!' 이데올로기, 즉 여성혐오(misogyny)는 지구촌 곳곳에서 강산(強酸)만큼이나 독성을 발휘하고 있다. 이렇게 말해버리면 138억 년 동안 밤하늘을 별빛으로 밝히고 이글거리는 태양으로 지구의 생명을 지탱해온 수소에게 크나큰 결례가 되겠지만 말이다. 이토록 고귀한 일을 하고 있는 원소를 다른 인간의 인생을 망가뜨리겠다는 못난 짓에 쓰고 있다니, 이것이 우주의 첫 번째 원소 수소의 명예를 더럽히는 '범우주적 명예훼손 범죄'라는 것을 그들은 알고 있을까?

비소

쉬베

마담 보바리의 결심

'꼬리가 길면 잡힌다'는 속담보다는 '제 버릇 개 못 준다'는 속담이 더 잘 어울릴 듯싶다. 영풍 석포제련소 말이다. 이곳은 오랫동안 환경 파괴와 산재 사망의 아이콘이었다. 2024년 3월 8일, 냉각탑의 석고 제거 작업을 하던 임시직 노동자가 떨어진 석고 물체에 맞아 사망하는 일이 일어났다. 사건 열흘 뒤인 3월 18일에는 하청 노동자 한 명이 아연 쇳물에 다리가 빠지는 산재가 발생했다.[1]

2023년 12월에는 설비 유지 보수 작업을 하던 노동자 4명이 비소화합물의 일종인 아르신(arsine) 가스에 중독되고 그중 하청 노동자 한 명이 숨지는 대형 사고가 일어났다. 바로 그 전달인 11월에는 하청 노동자의 백혈병 산재가 인정되었다는 소식이 알려졌다. 백혈병을 유발할 수 있는 작업장 위험 물질 목록에는 비소가 포함되어 있었다. 2021년에는 카드뮴 오염수를 낙동강에 방류해서 과징금 281억 원을, 2018년에는 폐수 70t을 낙동강에 방류해서 20일 조업 정지 처분을 당했다. 당시 이루어진 주변 주민들의 건강 조사에서는 체내 카드뮴과 납 농도

비소

상승이 확인되었다. 그해 3월에는 침전조에서 침전물 유화 작업을 하던 하청 노동자가 미끄러져 비소를 흡입하고 사망한 일이 있었다. 노동건강연대 홈페이지에서는 "석포제련소의 노동환경 지역환경문제와 우리의 요구"라는, 무려 2003년 3월의 토론회 게시글을 찾아볼 수 있다. 안동환경운동연합과 환경보건시민센터가 집계한 자료에 따르면 1997년부터 2024년 3월까지 영풍 석포제련소에서 사망한 노동자는 14명으로 추정된다.

평범한 상식으로는, 노동자가 죽고 상수원 오염 사고가 일어나고, 이 때문에 처벌을 받고 세상에 떠들썩하게 알려지기까지 하면 또 사고가 발생할까 엄청 조심하며 전전긍긍할 것 같지만, 세상은 상식대로 움직이지 않는다. 이렇게 문제가 반복적으로 일어날 수 있는 것은 솜방망이 처벌 덕분이다. 과태료와 벌금 내고, 손해배상하고, 며칠 조업을 멈추는 것이 환경설비와 노동환경을 개선하는 것보다 경제적 이득이라면 굳이 애써 현재 상태를 바꿀 필요가 없다. 이러한 상황을 바꾸려고 중대재해처벌법을 제정했지만 변화는 더디다. 어쩌면 유독한 생산방식 자체가 시스템으로 너무 뿌리 깊게 자리 잡았기 때문에, (그들도 나름대로 노력하지만) 도저히 문제를 해결할 수 없는 상황에 이른 것일지도 모른다.

석포제련소에서 일어난 사건들에 관한 소식을 따라가다 보면 궁금증이 생긴다. 여기는 아연을 생산하는 곳인데, 산재 사건마다 왜 자꾸 비소가 등장하는가? 원소기호 33번 비소(As, arsenic)는 여러 광물에 함유되어 있으며, 자연 상태에서는 단

시민단체 회원들이 2025년 2월 25일 서울 종로구 광화문에서 영풍 석포제련소 영구 폐쇄를 촉구하고 있다. ⓒ연합뉴스

독 원소 형태보다 황이나 다른 금속들과 결합된 형태로 존재하는 것이 일반적이다. 그래서 비소 생산 자체가 목적이 아니더라도 아연·구리·카드뮴 같은 금속을 제련할 때면 광물에 섞여 있던 비소가 부산물로 생겨난다. 이것이 산과 반응하면 아르신 가스(AsH_3)가 형성되는데, 이는 적혈구를 파괴시켜 혈뇨 증상을 일으킨다. 심하면 급성 신부전으로 인해 사망에 이를 수 있다. 비단 아르신 가스만이 아니라 비소와 여러 종류의 무기비소 화합물은 급만성 독성을 초래한다. 국제암연구소가 분류한 제1군 발암물질이기도 하다. 비소는 세포에서 에너지를 만들어내는 ATP 생산과정을 방해해서 괴사성 세포 사멸을 일으킨다. 말하자면 세포가 숨을 못 쉬어 죽게 된다는 뜻이다.

비소의 또 다른 명칭 '왕의 독'

이런 효과 때문에 비소는 오랫동안 '독살'의 아이콘이었다. 중독이 되어도 비특이적 증상을 보이다 죽음에 이르기 때문에 1830년대 검출 테스트가 고안되기 전까지는 '심증'만 가질 뿐 '물증'을 잡는 것이 쉽지 않았다고 한다. 그래서 비소는 권력과 재산을 두고 벌어지는 서양 귀족계급의 살인극에 빈번하게 활용되었고 '왕의 독' 혹은 '상속 분말'이라는 황당한 별명을 얻기도 했다. 조선시대 역사 드라마에서 종종 보던 사약 역시 비소와 관련 있다. 사약의 구체적 처방전이 알려진 적은 없지만, 역사학, 한의학 전공자들은 삼산화비소(As_2O_3)를 함유한 '비상(砒

비소

霜)'이 주성분이었을 것으로 추측하고 있다. 비소의 유기화합물은 제1차 세계 대전 시기에 화학무기로 활용되기도 했다.

 이렇게 위험한 물질이면 사용하지 않는 게 마땅할 것 같지만, 비소에게도 실생활에 유용한 쓰임새가 있다. 비소는 목재 방부 처리나 유리 생산에 널리 활용되고, 비철금속 합금과 제련 과정에 쓰이며, '현대의 쌀'이라는 반도체 제작 공정에도 필요한 원소다. 독성 때문에 지금은 규제되고 있지만, 제초제와 살충제의 성분이기도 했다. 18세기에는 비소 성분을 포함한 안료로 만들어진 벽지가 유럽 부유층들에게 커다란 인기를 끌었다고 한다. 비소를 첨가하면 색 입자가 밝고 화사해 보이기 때문이다. 이렇게 만들어진 에메랄드 빛깔은 '파리 그린(Paris Green)' '비엔나 그린(Vienna Green)' 등의 애칭으로 불리기도 했다. 항간에는 나폴레옹 1세의 사망이 바로 비소 벽지 때문이었다는 '썰'도 있다. 이뿐만 아니라 귀족 여성들은 백비소(AsO_3)를 식초와 혼합하여 화장품으로 사용하기도 했다. 피부가 창백하게 보이는 효과 때문이었다. 창백한 피부는 햇볕 아래에서 힘든 노동을 안 했다는 고귀함의 상징이었다.

 독살의 수단으로 사용된다는 것은 스스로 삶을 끝내는 도구로 활용될 수도 있다는 뜻이다. 귀스타브 플로베르의 첫 장편소설《마담 보바리》의 주인공 엠마는 비소를 삼키고 자살했다. 낭만주의적 이상과 현실 사이의 불화, 그로 인해 초래된 파국을 더 이상 감당할 수 없게 되었을 때, 그녀는 비소를 선택했다. 마담 보바리가 처한 상황과 어느 하나 닮은 것이 없지만, 10여 년 전 한반도 남쪽 섬마을에서 만난 할머니는 자기 친구들 모두 허

1775년에 발명된 비소 녹색 안료는 그 특유의 밝고 화사한 에메랄드 빛깔로 그림이나 벽지에 많이 쓰였다. 의류, 화장품, 심지어 어린아이들의 장난감까지 광범위하게 활용되었다.
아래: 게오르크 프리드리히 케르스팅, 〈수 놓는 여인〉(1817)

리에 '비상(砒霜) 주머니'를 하나씩 차고 다닌다는 이야기를 태연하게 들려주었다. 당시 나는 섬마을 진료 활동에 참여한 보건의료 대학생들을 위한 '교양 수업'으로 한국의 자살 문제 강의를 하러 내려온 참이었다. 마을회관에서 학생들에게 '여성 노인 자살률 OECD 최고, 매우 심각' 운운 떠들고 나서, 신선한 생선과 전복이 풍성한 저녁 밥상에 둘러앉아 섬마을 할머니들의 '비상 주머니' 이야기를 들었다. 파란만장한 한국 현대사를 다 살아내고, 힘든 바닷일로 생계를 꾸리고 가족을 돌보며 기어이 여기까지 온 할머니들에게 비상 주머니는 대체 무슨 의미였을까?

한국의 자살률이 세계적으로 높다는 사실은 이제 해가 동쪽에서 뜬다는 이야기만큼 익숙해서 사람들이 놀라지도 않는다. 세계 최저 출생률 뉴스처럼, 마땅히 우리 차지인 것 같다. 국제적으로 비교 가능한 최신 통계인 2020년 기준, 한국의 자살률은 인구 10만 명당 24.1명으로 자료가 가용한 34개 OECD 회원국 중 1등이다. 성별을 구분해보면 남성은 34.9명으로 리투아니아에 이어 2등이고, 여성은 14.9명으로 1등이다. 여성의 자살률은 남성의 절반에 불과하지만, 2002년 이후 지금까지 OECD 회원국들 사이에서 한 번도 1등을 놓친 적이 없다. 그러나 남성보다 낮다는 이유로 그동안 제대로 주목받지 못했다. 현재 OECD 회원국들의 남녀 자살률 성비는 약 3.9배 수준이다. 그런데 한국은 이 수치가 2.3배에 불과하다. 성별 격차가 적다는 것이다.

1997년 외환위기를 계기로 급등했던 한국의 자살 사망자

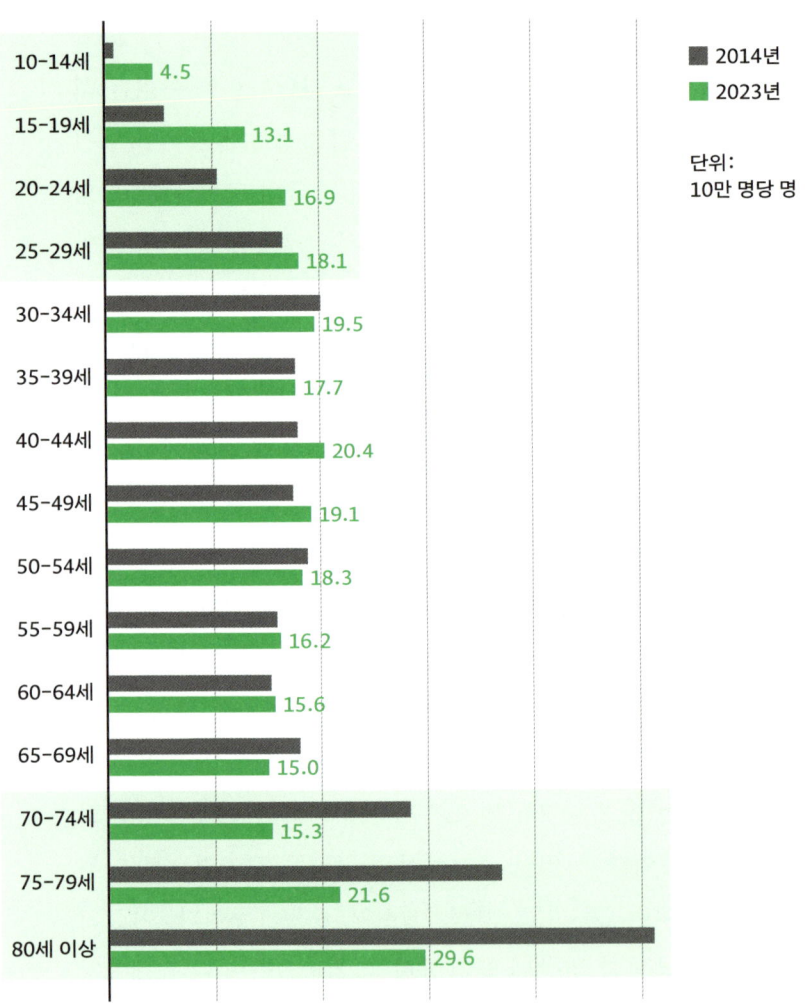

한국 여성 연령별 자살률 2014-2023년 비교 그래프. 70대 이상 여성의 자살률은 상당히 감소한 데 비해, 10~20대 여성의 자살률은 늘어났다.

숫자는 2011년 1만 5906명으로 최고점을 찍은 이래 조금씩 감소하여 2017년 1만 2463명까지 내려갔다. 하지만 이후 상승세로 돌아서서 2023년에는 다시 약 1만 4000명에 육박하게 되었다. 그런데 최근의 이러한 변화는 성별과 연령에 따라 차이를 보인다. 지난 10년 동안 고령층의 자살 사망은 다행하게도 상당히 줄어들었다. 반면 10~20대는 남녀 모두 자살률이 높아졌고 특히 여성에게서 문제가 심각하다. 2023년 사망통계에 따르면, 남녀 모두 10~30대 사망 원인 1위가 자살이며, 여성의 경우 사망의 45%가 자살에 의한 것이었다. 심지어 10대와 20대 여성 사망자 중에서 자살이 차지하는 비중은 55.9%와 57.4%에 달한다. 사정이 이렇다 보니 10대에서는 자살률의 남녀 성비가 0.8로 역전되었으며, 20대와 30대의 성비도 각각 1.5와 1.8 정도에 불과하다. 도대체 무슨 일이 벌어지고 있는 것일까?

학문 분과마다 자살을 바라보는 시각은 다르다. 슈나이드먼 같은 심리학자들은 자살을 견딜 수 없는 심리적 고통에 대한 해결책으로 바라보았고, 프로이트나 메닝거 같은 정신분석학자들은 자살 행동을 자기 자신을 향한 살해 욕구로 해석했다. 그런가 하면 뇌 신경전달물질의 생화학적 이상에서 비롯된 결과로 바라보는 정신의학자들도 있고, 바슐러 같은 철학자는 자살을 존재론적 문제에 대한 해결책으로 간주했다.

모든 자살 사례의 이면에는 죽음의 숫자만큼 각기 다른 사연과 동기가 존재한다. 심리적 고통이나 존재론적 문제에 대한 해결책으로 선택한 것일 수도 있고, 자신을 향한 살해 욕구이거나 신경전달물질의 폭주일 수도 있다. 하지만 이렇게 개별적인 선택임에도 불구하고 사회적으로 어떤 '유형'과 '규칙성'을 발견할 수 있다면, 이는 뒤르켐의 표현대로 개인을 초월하는 '사회적 사실'로 여겨야 한다.

질문을 바꾸어야 보이는 것들

견딜 수 없는 심리적 고통과 존재론적 불안, 우울증이 개별 사례의 원인일 수 있다. 하지만 왜 이토록 많은 청년 여성들이 자살을 해결책으로 선택해서 이러한 통계를 만들어냈는지에 대해서는 '사회적' 설명이 필요한 것이다. 우리 사회의 자살 문제를 이해하기 위해서는 '저 사람의 자살은 우울증 때문인가?'가 아니라 '왜 자살에 이를 만큼 우울해졌는가, 그것도 많은 이들이?'라고 질문을 바꾸어야 한다.

　누구는 가족과의 갈등 때문에, 누구는 친밀한 관계에서의 파탄 때문에, 또 다른 누구는 경제적 곤경으로 인해서, 어떤 이는 일자리를 잃거나 일터에서의 어려움 때문에. 각자 사연은 다를 것이다. 그리고 이런 각자의 사연들이 모여서 오늘날 우리가 보고 있는 통계를 만들어냈다. 최근 우리 사회 청년 여성의 정신 건강과 자살 문제를 탐구한 연구들이 공통적으로 지적하는 것은 '성별화된' 노동시장 위험이다. 이를테면 2011~2021년 동안 청년 자살률과 고용·일자리 지표의 연관성을 분석한 국내 논문 〈노동시장에서의 위기 심화와 청년 여성 자살률〉(이민아, 2023)은 불안정 노동, 즉 비정규직, 시간제 근로 비율이나 니트

(NEET, Not in Education, Employment or Training) 비율이 청년 여성의 자살률과 상관성이 높다는 것을 확인했다.

또 다른 논문 〈성별화된 위험이 야기하는 존재론적 불안: 청년 여성의 자살 생각 내러티브를 중심으로〉(이소진, 2023)는 자살을 생각해본 적 있는 청년 여성들과의 심층 인터뷰를 통해 가족, 돌봄, 노동의 '성별화된 위험'이 존재론적 불안으로 이어진다는 점을 지적했다. 노동의 불안정성은 경제적 취약성을 낳고 이는 주거 불안정과 근로 환경에서의 괴롭힘, 성차별, 가치 절하를 경험하게 만든다. 성차별적 규범이 침윤된 가족 질서와 돌봄 부담까지 가중된 상태에서, 예전 세대와 달리 '결혼·출산'이 아닌 '노동 중심'의 생애 계획을 가진 청년 여성들이 직면한 현실은 막막하기만 하다.

그렇다고 결혼과 가정이라는 도피처가 있었고 노동은 여성들의 생애에서 부차적 의미를 가졌던 과거로 돌아갈 수는 없는 일이다. 이러한 상황에서 더 많은 노력과 자기계발을 통해 시련을 극복해야 한다는 능력주의 이데올로기를 내면화한 이들은 한층 더한 고통에 직면하게 된다.

노동건강연대가 아름다운재단의 지원을 받아 3년간 진행한 '청년 여성 노동자 산재회복 지원사업'에서 만난 이들은 앞서 소개한 논문의 문장이 의인화한 것과 다름없었다. 지원 대상자를 선정하기 위한 서류들을 검토하면서, 처한 상황들이 너무나 엇비슷해 아까 봤던 서류가 아닌가 계속해서 앞 장을 넘겨봐야 했다. '개인을 초월하는 사회적 사실'이라는 개념의 생생한 사례집이었다. 빈곤과 불안정 노동, 고립 혹은 돌봄 부담, 이를 벗어나려는 치열한 노력과 시도, 하지만 반복되는 실패는 몸과 마음의 피폐로 이어졌다.

　20세기 초, 자본주의 위기가 점증하지만 이를 타파하려는 노력은 번번이 실패하고 파시즘이 발흥하는 상황에서 그람시는 말했다. "낡은 것은 죽어가지만 새로운 것은 아직 태어나지 않았다는 사실에 바로 위기가 존재한다." 가부장제는 약해졌지만 젠더 평등은 아직 찾아오지 않은 한국 사회 청년 여성들이 직면한 상황을 이보다 함축적으로 요약할 수 있는 말은 없어 보인다.

인

人

원소계의 '샛별'은
어쩌다 살상 무기가 되었나

아파트 발코니에 화분을 들여놓고 수확의 기쁨을 누려보려던 야심 찬 계획은 2년 만에 막을 내렸다. 대체 어디로 들어왔는지, 벌레들의 출몰을 감당할 수 없어서였다. 고춧잎을 잠식해버린 진딧물 무리가 결정타였다. 생태주의를 지향한다면서 벌레는 싫은 가짜 농부가 찾은 그다음 대안은 스마트 식물 재배기였다. 실내에서 물과 LED 조명만으로 과연 식물이 제대로 자랄 수 있을까 내심 걱정이 앞섰다. 그러나 성과는 놀라웠다. 재배 키트에 동봉된 마법의 영양액이 결정적 역할을 했다. 주입식 교육을 충실하게 받은 이라면 반사적으로 대답할 수 있는 비료의 3요소, 바로 질소·인산·칼륨이 마법 액체의 주인공이었다. 이들의 도움 덕택에 가짜 농부는 루콜라, 비타민, 청경채, 바질을 성공적으로 수확하며, 현대 비료 산업이 가져온 녹색혁명을 뒤늦게 실감 중이다.

비료의 핵심 요소인 인산을 구성하는 원소기호 15번 인 (phosphorus)은 식물뿐 아니라 모든 유기체의 생존과 기능에

인

필수적이다. DNA와 RNA 구조에 없어서는 안 되는 부품이고, 세포의 에너지원인 ATP를 구성하는 핵심 원소다. 또한 인지질 형태로 세포막을 형성하고, 칼슘과 결합하여 뼈를 이룬다. 그래서 동식물을 먹고 소화한 다음에 배출하는 분뇨, 사체를 태운 재 가루에는 인 성분이 많이 포함되어 있다. 현대적 비료 생산 기법이 발달하기 전까지는 이런 것들이 비료로 쓰였다. 산업사회 이전에는 사람과 가축의 분뇨를 모아 퇴비를 만들었고, 이후에는 새나 박쥐의 구아노(배설물)가 퇴적된 인산 광산을 상업적으로 활용했다.

사실 인 원소를 처음 발견한 것도 인간의 소변에서였다. 1669년 독일 함부르크의 한 연금술사가 금을 만들어내려고 소변을 졸이던(?) 중 불에 타면서 창백한 청록색 광채를 내는 물질을 발견했다. 이 신비로운 모습으로부터 'phosphorus'라는 이름이 유래했다. 이는 고대 그리스에서 샛별(금성, Venus)을 가리키는 단어였는데, 샛별의 역할 그대로 '빛을 가져오는 자'를 의미한다.

이렇게 낭만적인 이름을 가진 인 원소는 유기체 구성이나 비료 같은 생물학적 쓰임새 말고도 산업적 활용도가 높다. 불에 잘 타는 성질 때문에 성냥 제조에 쓰이고, 반대로 불길이 번지는 것을 막는 내연재의 주요 성분이기도 하다. 또한 유기인은 제초제 성분이기도 한데, 독성이 강하고 가격이 저렴하기 때문에 자살 시도에도 많이 쓰였다. 한편으로는 유기체를 구성하는 필수 요소이지만 다른 한편으로는 가공할 불길과 독성으로 우

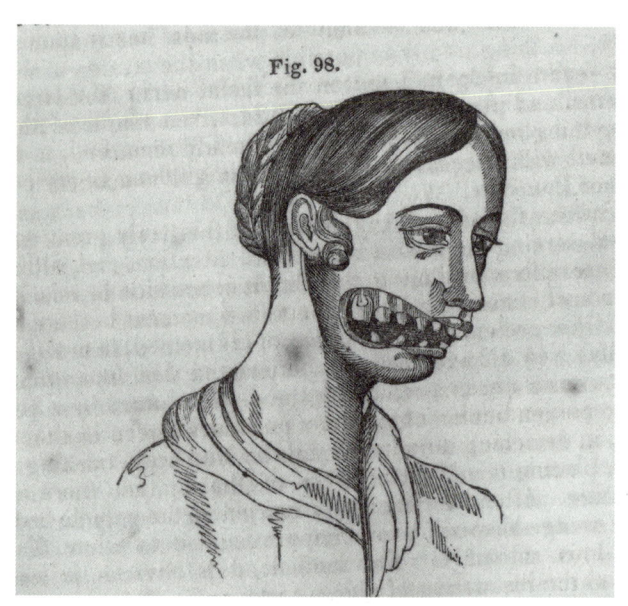

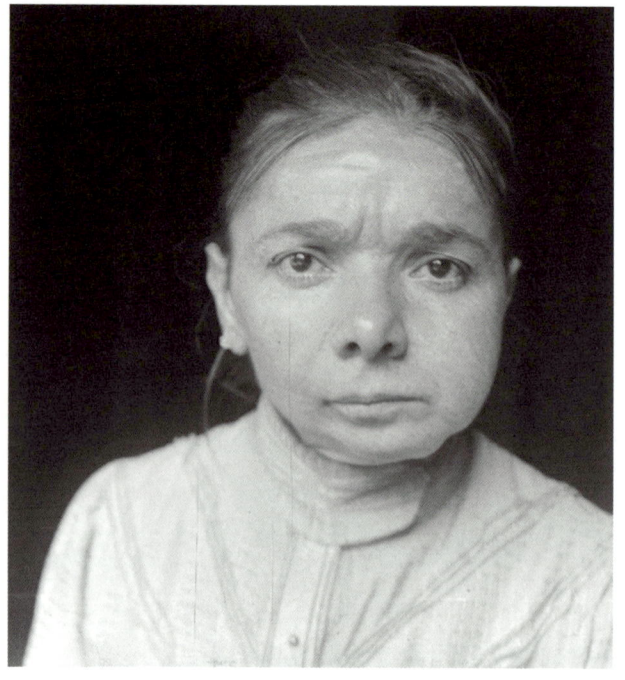

백린에 장기간 노출되어 턱이 괴사된 사람의 일러스트와 턱 제거 수술을 받아야 했던 성냥 공장 노동자의 모습.

리 몸과 생명을 순식간에 파괴할 수 있는 원소가 바로 인이다.

인의 여러 동소체(同素體) 중에서 특히 위험한 것은 처음 발견된 백린(white phosphorus)이다. 가장 불안정하고 반응성이 높으며 독성도 강하다. 백린으로 성냥을 만들던 19세기에는 작업하던 노동자들의 턱이 녹아버릴 지경이었다고 전해진다. 1905년 베른협약 체결 이후, 성냥 제조에 백린 사용이 금지되면서 우리에게 익숙한 적린(赤燐)으로 교체됐다.

백린은 공기 중에서 50℃ 정도만 되어도 자연 발화하고, 일단 점화되면 매우 고온으로 타오르며 다량의 연기를 내뿜는다. 그래서 일찌감치 무기로 개발되어 쓰였다. 두 차례 세계 대전에서 백린은 연막탄, 소이탄의 주요 재료가 되었다. 연금술사가 백린을 처음 발견한 독일 함부르크는 제2차 세계 대전 중 연합군의 소이탄 폭격으로 폐허가 되기도 했다. 이후 한국전쟁, 베트남전쟁, 체첸전쟁 등에서 백린탄이 쓰였고, 21세기에도 미국이 걸프전에서, 이스라엘이 가자지구와 레바논을 공격할 때에 백린탄을 사용했다.

백린탄의 살상 효과는 단지 폭발력에만 있지 않다. 백린탄이 연소할 때 화염 온도는 800~2500℃까지 상승하며 물로 잘 꺼지지 않는다. 파편이 피부나 옷 같은 표면에 들러붙으면 떼어내기도 어렵다. 불이 꺼진 후에도 피부 조직에 남아 있던 파편이 다시 자연 발화하기도 한다. 백린탄에 의한 화상은 뼈가 보일 만큼 치명적이고 깊은 상처를 남기며 극도의 고통을 유발하기로 악명이 높다. 혈관으로 흘러 들어가 다발성 장기 부전을 초래하기도 한다. 소이탄에 백린 외에도 여러 중금속 조각들을 첨가하면 파괴력과 살상 효과는 상상을 초월하게 된다. 이런 끔찍한 효과가 잘 알려져 있다보니, 아무리 전쟁 중이라도 이런 살상 무기를 사용했다고 직접 밝히는 경우는 드물다.

의료시설마저 표적으로 삼은 잔혹함

백린탄은 현재 진행형이다. 2023년 10월 하마스의 이스라엘 공습으로 촉발된 가장 최근의 이스라엘-팔레스타인 전쟁에서 이스라엘은 또다시 백린탄을 사용했다. 백린탄 자체는 불법이 아니지만, 민간인 거주 지역에 소이탄을 공중폭격하는 것은 '특정 재래식무기 금지 협약' 위반이다. 인명 피해가 너무 크기 때문이다. 이미 2013년, 이스라엘 군은 아주 제한된 특수 상황을 제외하면 앞으로 백린탄을 사용하지 않겠다고 선언하기도 했었다.

그러나 백린탄의 잔혹함은 이스라엘이 팔레스타인에서 자행한 폭력의 역사에서 아주 작은 한 조각을 차지할 뿐이다. 사실 첫 단추부터 잘못 끼워졌다. 제1차 세계 대전 당시 영국은 남의 땅으로 통 큰 인심을 썼다. 팔레스타인에 유대인을 위한 국가를 세워주겠다고 약속한 것이다. 나치의 폭압을 피해 탈출하거나 난민이 된 유대인들이 이를 믿고 빠르게 팔레스타인으로 모여들었다. 시오니스트들은 '사람이 살지 않는 땅'을 '땅이 없는 사람들'에게 주자는 거짓 선동을 펼치며 이를 부추겼다. 수천 년 전부터 그곳에 터전을 닦고 살아온 팔레스타인 사람들로

2023년 10월 15일, 이스라엘이 레바논 남부 국경의 민간인 지역에 백린탄을 투하하고 있다. ©AP/연합뉴스

서는 이게 무슨 말도 안 되는 소리인가 싶었지만, 어이없게도 이는 현실이 되었다. 마침내 1948년 5월 14일, 이스라엘이라는 신생 국가가 이곳에서 독립을 선포했다. 팔레스타인 사람들에게는 '재앙(Nakba)의 날'이었다. 팔레스타인 사람들은 살고 있던 자신들의 땅에서 쫓겨나 좁은 가자지구로 밀려났고, 이곳은 유례없는 현대의 식민지가 되었다. 2006년 하마스가 정권을 잡고 특히 2007년 자유를 되찾기 위한 팔레스타인 사람들의 봉기가 일어난 이후, 이스라엘은 가자지구를 둘러싼 육지, 바다, 하늘의 모든 국경을 봉쇄하고 극단적 억압을 가하기 시작했다. 가자지구는 '세상에서 가장 큰 지붕 없는 야외 감옥'이라는 별칭을 얻었다.

이미 2008년, 2012년, 2014년, 2021년에도 이스라엘은 가자지구에 대대적 무력 공습을 감행했다. 그러나 2023년 10월 이후 지속된 공습의 가장 큰 특징은, 의도적으로 보건의료시설을 표적으로 삼고 민간인을 무차별 공격한다는 점이다. 제네바 협약과 국제 인도주의 법률은 전쟁 중에도 '의료 임무를 전담하는 군인과 민간 의료인은 모든 상황에서 존중되고 보호되어야 한다'고 규정하고 있다. 심지어 병원 시설이 명백하게 군사적 목적으로 쓰인다 해도, 인명 피해를 줄일 수 있도록 사전 경고와 함께 유예 시간을 준 다음에 공격을 개시해야 한다. 이때 의료시설이 군사적 목적으로 쓰이고 있다는 주장에 대한 입증 책임은 공격을 감행하는 측에 있다.

어릴 적에 겪은 일이지만 아직도 생생한 기억이 있다. 손목에 생긴 작은 결절종 때문에 병원에서 수술을 받는 중이었다. 수술대에 누워 소독 천으로 얼굴을 가려 무슨 일이 일어나는지 볼 수는 없었지만, 부분마취 상태였기 때문에 정신은 또렷했다. 통증은 없어도 내 피부를 뚫고 지나가는 바늘의 감촉을 느낄 수 있었고 의료진이 나누는 대화, 수술 도구 딸깍거리는 소리를 모두 들을 수 있었다. 강심장을 타고난 어린이였지만 극심한 공포에 사로잡히지 않을 수 없었다. 그런데 수술 도중 갑자기 공습 사이렌이 울려 퍼졌다. 민방위 날이면 학교에서 방공 사이렌에 따라 책상 밑으로 대피하는 연습을 하고, 저녁에는 온 동네가 어둠에 잠기는 '등화관제' 훈련을 하던 시절이었다. 민방위 날도 아닌데 대낮에 사이렌이라니 이상했다. "이거 진짜야? 전쟁난 거야? 어떡하지?" 의료진들의 당황한 목소리가 들렸고 나는 울기 시작했다. 그때 누군가 말했다. "여기 적십자병원이잖아. 전쟁 나도 설마 여기를 공격하겠어? 우리 때문에 애 놀랐잖아. 괜찮아, 괜찮아."

1983년, 하필 내가 수술실에 누워 있던 그 시간에 북한군 공군 조종사 한 명이 전투기를 몰고 남한으로 귀순했고 그에 따라 공습경보가 울렸던 것이다. 의료진은 어린 나를 달래며 괜찮다고 했지만, 정작 자신들이 괜찮지 않았던 것 같다. 허둥대며 서둘러 봉합하느라 그랬는지, 며칠 후 실밥을 뽑자 꿰맨 부위가 쩍 벌어지면서 고였던 피가 쏟아져 나왔다. 나로서는 피부 아래의 해부학적 구조를 처음 본 순간이었다. 덕분에 한참 동안 드레싱을 받으러 다녔고, 손목에는 아직도 그 흉터가 남아 있다. 전쟁이 일어나도 병원은 안전하다는 것을 깨우쳐준 상흔이라고 나름 의미를 부여하며 살아왔다. 그러나 가자지구의 상황은 그것이 현실과 동떨어진 '거짓 정보'라는 것을 일깨워주었다.

가자 공습에서 이스라엘은 병원 시설에 대해 주의를 기울이기는커녕 무차별 공격을 가하고, 아예 보건의료시설을 표적으로 삼았다. 이들은 병원 시설이 하마스의 본거지로 쓰였다고 주장하지만, 이를 뒷받침할 증거는 전혀 발견되지 않았다. 실제로 한 논문은 지리 정보 분석 도구를 활용해 이스라엘의 가자 침공 첫 한 달 이후 16만 8000여 개에 달하는 건물들의 파괴 정도를 분석한 결과를 보고했다.[1] 의료시설과 비의료시설 건물 사이에 '마땅히 있어야 할' 차이가 전혀 발견되지 않았다.

또 다른 논문은 가자 공습 이후 첫 한 달 동안, 다른 피해는 차치하고 '벙커 버스터'라 불리는 마크84(Mark-84) 폭격으로 인한 의료시설 피해를 분석했다.² 무게가 900kg이 넘는 이 폭탄은 폭발하면서 초속 1.8km의 속도로 450kg에 달하는 고온의 금속 파편을 사방으로 흩뿌리는 위력을 갖고 있다. 폭발 지점으로부터 360m 반경 이내의 모든 것을 무너뜨리고 살상하는 치명적 효과를 발휘하며, 엄청난 고압의 충격파로 폭 15m, 깊이 11m에 달하는 분화구를 만들어낸다. 벙커 버스터라는 이름이 괜히 붙은 게 아니다.

연구진은 CNN과 〈뉴욕타임스〉가 심층 보도한 항공사진 자료를 이용하여 마크84 투하로 생겨난 분화구 위치를 확인하고 병원의 위치 정보를 연계하여 분석했다. 가자지구에서 분화구 총 592개를 확인했는데, 가자 전체의 36개 병원 중 9곳(25%)이 '치명적' 피해 범위인 반경 360m 이내에 최소 한 개 이상의 분화구가 있었다. 30곳(83.3%)은 '인프라 손상과 사상 범위'인 800m 반경 이내에 분화구들이 있었다. 병원에서 가장 가까운 분화구는 그 거리가 겨우 14.7m에 불과했고, 두 개 병원은 반경 800m 안에 각각 23개와 21개의 폭발 분화구가 관찰되었다. 이 거리를 실감하기 위해 서울 광화문 네거리를 떠올려보자. 광화문을 기준으로 360m 떨어진 곳에 세종대왕 동상이 서 있고, 800m면 청계광장이 나온다. 겨우 이 정도 떨어진 곳에 거의 1t에 가까운 폭탄이 투하되고 폭발하는 장면은 상상만으로도 아찔해진다.

의료시설에 대한 공격 횟수는 시간이 갈수록 늘어났다. 예컨대 2024년 1월 발표 자료는 의료시설 공격이 최소 364회라고 집계되었지만, 7월 발표 자료에서는 총 950건으로 늘어나 있었다. 한 병원은 35차례나 폭격을 당하기도 했다. 2024년 10월 현재 가자지구의 36개 병원 중 19개는 아예 작동을 멈췄고 17개는 일부만 기능하고 있다. 가자지구의 유일한 어린이 암병동이 있는 병원, 유일한 정신과 병원도 이스라엘의 공습을 피하지 못했다. 1차 의료센터 131개 중 56개(43%)만이 부분적으로 운영되고 있으며, 파손된 구급차도 130대에 달한다. 이스라엘은 의료진과 환자들에게 대피를 명령했다고 하지만 폭격으로 폐허가 된 길을 변변한 이동 수단도 없이 신속하게 대피하기란 불가능에 가까운 일이다.

유엔 인도적 지원 조정실이 발표한 자료에 따르면, 가자지구에서 지난 1년 동안 보건의료 종사자 986명이 폭격과 공습으로 사망했고, 구호 인력도 최소 307명(이중 유엔 직원이 229명)이 죽었다.[3] 연일 부상자가 대규모로 발생하고 있지만 시설이 파괴되고 물자가 극도로 부족하기 때문에 병원에서도 적절한 치료를 제공하기 어렵다. 식초로 상처를 소독하고, 휴대전화 디스플레이 불빛으로 수술 부위를 비춰가며 마취제나 진통제도 없이 팔다리 절단술을 시행하는 일이 현실에서 벌어지고 있다. 이 상황을 두고 한 논문은 '전쟁 안의 전쟁' '보건의료 서비스에 대한 전쟁'이라고 표현했다.[4]

이스라엘의 공습으로 벌집이 된 가자지구의 한 병원 외벽. ⓒ신화/연합뉴스

항공사진을 이용해 만든 2023년 10월 7일부터 11월 17일까지 폭탄 마크84가 떨어진 자리와 가자지구 내 병원 위치를 표시한 지도. 마크84 투하로 생긴 분화구들이 의료시설(녹색 점)에 집중되어 있다는 것을 알 수 있다.
(Are hospitals collateral damage? Assessing geospatial proximity of 2000 lb bomb detonations to hospital facilities in the Gaza Strip from October 7 to November 17, 2023)

루시퍼와 대결한 샌드맨의 최후

놀랍게도 전쟁 초기 이스라엘 랍비 45명은 가자지구 병원을 폭격하라고 네타냐후 총리에게 공개적으로 요구했다. 이스라엘 의사 400여 명도 이러한 비윤리적 공격 행위를 지지하고 나섰다. 이스라엘 신문 보도에 의하면, 소수의 이스라엘 의사들이 팔레스타인 포로들의 고문에 참여하고 있다고 한다. 인류는 홀로코스트의 역사와 뉘른베르크 재판에서 대체 무엇을 배운 것일까?

홀로코스트 연구자들마저도 현재 가자지구의 상황을 '교과서에 실릴 만한 제노사이드'라며 탄식하고 있지만, 미국을 비롯한 강대국들은 이스라엘의 폭주를 막을 생각이 없어 보인다. 서구의 진보 세력들 사이에서조차 이스라엘을 비판하는 일은 오랫동안 금기에 가까웠다. '반(反)유대주의'라는 낙인이 가진 무게가 엄청나기 때문이다. 홀로코스트의 희생자였다는 사실이 이후 무슨 짓이든 저질러도 괜찮다는 허가증도 아닌데, 왜 이스라엘의 잘못을 비판하지 않는지 비서구인으로서는 도무지 이해할 수 없다. 철학자인 수전 니먼은 이스라엘이라는 "국가 자체가 홀로코스트의 기억을 도구로 이용하여 팔레스타인 점령에 대한 모든 비판을 비켜가는 정책을 의식적으로 채택"했다고 비판하기도 했다.

하지만 요즈음 세상의 변화를 실감하고 있다. 연일 세계 곳곳에서 수많은 시민이 거리로 쏟아져 나와 팔레스타인과의 연대를 외치고 이스라엘의 잔혹 행위를 규탄하고 있다. 정통 유대교 복장으로 시위에 참석하여 자신들의 국가가 저지르고 있는 반인륜 범죄 중단을 요구하는 이스라엘 시민들의 모습은 인간의 존엄에 대해 많은 것을 말해준다.

인의 영문명 phosphorus의 의미는 '빛을 가져오는 자(light-bringer)', 이것의 라틴어는 '루시퍼(lucifer)', 지옥을 지키는 타락 천사의 이름이다. 그래픽노블 명작 〈샌드맨(Sandman)〉에서 꿈의 왕국 군주인 샌드맨은 도둑맞은 투구를 찾기 위해 지옥을 방문한다. 루시퍼는 투구를 순순히 돌려줄 수는 없다며 무시무시한 말 잇기 게임을 제안한다. 환상의 세계에서 그들이 내뱉은 단어는 현실이 되어 상대방을 고통에 빠뜨린다. 루시퍼가 이리로 변신하면 샌드맨은 말을 탄 사냥꾼이 되어 이리를 공격하고, 그러면 루시퍼는 말을 쓰러뜨리는 말파리가 되고, 샌드맨은 이에 맞서 거미로 변신해 파리를 먹어치운다. 이제 루시퍼는 뱀이 되어 거미를 잡아먹고 샌드맨은 황소가 되어 그 뱀을 짓이긴다. 이어서 루시퍼가 모든 생명을 파괴하는 살육 박테리아로 변신하면 샌드맨은 생명을 탄생시키는 행성이 되고, 루시퍼는 이 모든 것을 폭발시키고 행성을 태워버리는 신성(新星)으로 변신한다. 샌드맨이 이 모든 생명을 끌어안는 우주가 되겠다고 하자 루시퍼는 자신이 반(反)생명, 판결의 짐승, 모든 것의 끝에 있는 어둠이라고 선언한다. 더 이상 맞설 방법이 없어 보였다. 구경꾼들은 모두 쓰러진 샌드맨의 패배를 점친다. 그때 쓰러져 있던 샌드맨이 나지막이 내뱉는다. "나는 희망이다." 침묵이 이어지고 루시퍼는 마침내 항복을 선언한다. 세상에 희망을 이길 수 있는 어둠은 없다. 비록 지금 가장 어두운 시간을 통과하고 있을지라도. 백린탄도, 벙커 버스터도 팔레스타인 민중의 희망을 꺾을 수는 없을 것이다.

철

흡혈, 매혈, 헌혈 사이
철과 피의 연대기

2024년 12월 3일, 내란의 밤. 영화도 아니고 해외 전쟁 다큐멘터리도 아닌 국내 뉴스에서, 그것도 실시간으로 화면을 가득 채운 진짜 총을 보았다. 철 이야기를 하게 된 '역사적' 계기다. 원소기호 26번 철(Fe)은 인간이 가장 널리 사용하는 금속 원소로, 전 세계 금속 생산량의 90% 이상을 차지한다. 매장량이 풍부하고 오래전부터 다양한 가공 기술을 발전시켜온 덕에 저렴한 비용으로 높은 강도가 필요한 제품을 만드는 데 널리 쓰여왔다. 물론 총과 칼, 장갑차와 탱크를 만드는 데만 사용한 것은 아니다. 우리 생명을 살리는 농기구, 우리가 살아가는 건축물, 생활에 필요한 다양한 기계, 철로와 기차, 자동차 등등 철은 인간이 존재하는 거의 모든 곳에 쓰인다. 인류 문명은 철과 함께해왔다고 해도 과언이 아니다. 농업도, 산업도, 전쟁도. 마블 코믹스 〈엑스맨(X-Men)〉에서 자기장을 통제하는 초능력을 가진 캐릭터 매그니토가 그렇게 강력한 힘을 발휘할 수 있는 것은 인류의 철기 문명 덕분이기도 하다.

하지만 우리가 사용하는 것과 같은 형태의 금속 철을 지표

45년 만의 계엄령 그리고 국회의사당의 무장 계엄군. ⓒ연합뉴스

면 아무 곳에서나 쉽게 얻을 수 있는 것은 아니다. 철은 금방 산화, 즉 쉽게 녹이 슬어버리기 때문이다. 지표면에 존재하는 자연 금속 철은 대개 우주로부터 날아온 운석에 '박제'된 것이며, 철광석 제련 기술이 발전하기 전에는 이를 가공해서 도구와 사냥 무기를 만들었다. 그러다보니 철은 금과 은에 버금가는 매우 귀한 금속 대접을 받았다. 지금은 철과 여러 원소가 화합물 형태로 존재하는 철광석을 제련해서 다양한 유형의 철을 생산할 수 있다. 지구상에서 철이 가장 많이 분포하는 곳은 깊은 땅속

이다. 철은 지구의 내핵과 외핵의 상당 부분을 구성하며, 액상 형태의 외핵에서 발생하는 전류 덕분에 지구 자기장이 생겨난 것으로 알려져 있다. 말하자면 우리는 빠르게 회전하는 쇠구슬 위에서 살고 있는 셈이다.

철은 우리 몸 안에도 들어와 있다. 인간의 몸에는 평균 4g의 철이 존재한다. 대부분은 적혈구 속 헤모글로빈에 자리 잡고 있다. 이는 혈액의 산소 운반을 책임지는 일꾼이다. 우리가 음식으로 섭취한 철분은 소장에서 흡수된 후 혈액에 들어 있는 트랜스페린(transferrin)이라는 이동 단백질과 결합하여 골수까지 이동한다. 이곳에서 운반된 철을 이용하여 헤모글로빈을 합성하고 적혈구를 만들어낸다. 적혈구는 약 120일이 지나면 비장이나 간에서 파괴되며, 이때 대식세포(macrophage)가 철을 재활용하도록 돕는다. 헤모글로빈은 4개의 유닛으로 구성된 단백질이다. 각 유닛의 중심에 철 이온(Fe^{2+})이 자리 잡고 있다. 철 이온이 하나의 산소 분자와 결합하므로, 헤모글로빈 하나는 산소 분자 4개를 옮길 수 있다. 철이 결핍되면 혈중 헤모글로빈 농도가 낮아지고 우리 몸의 각 조직에 산소를 제대로 전달하기 어려워진다. 이것이 바로 '철 결핍성 빈혈'이다. 가장 큰 원인은 출혈이고, 철분 섭취가 적거나 철분 흡수 장애 때문에 발생하기도 한다. 임신 중에는 태아의 헤모글로빈을 생성해야 하고, 산모 본인의 늘어난 혈액량도 충당해야 하기에 빈혈이 발생하기 쉽다. 빈혈이라고 하면 창백하고 가녀린 '병약 미인' 정도를 떠올리지만, 오래 지속되면 심부전을 초래할 수 있고 어린이에게는 성장 지연을 일으킬 수 있기에 꽤 심각한 건강 문제다.

'붉은색'의 과학적·인류학적 의미

인간의 적혈구가 산소 운반에 철을 활용하게 된 것은 진화 관점에서 대단히 현명한 선택이었다. 철은 영구히 산화되거나 스스로의 조성이 변하지 않으면서 산소와 가역적으로 결합할 수 있기에 산소 운반에 맞춤한 도구이다. 게다가 지구에서 가장 풍부한 원소 중 하나라서 공급에도 문제가 없다. 지구 역사 초기에는 대기 중 산소 농도가 매우 낮았고, 이 시기의 생명체들은 산소를 이용하지 않았기에 별도의 산소 운반 장치가 필요 없었다. 그러나 약 25억 년 전 식물이 번성하며 광합성으로 지구 대기의 산소 농도가 급상승하면서 변화가 나타났다. 고농도 산소의 독성(산화) 문제를 해결해야 하는 어려움과 더불어, 산소를 이용하여 에너지를 효율적으로 활용할 수 있는 기회를 맞게 된 것이다. 더 커다란 몸집과 복잡한 구조로 진화해가는 유기체들에게 헤모글로빈을 이용한 산소 전달과 효율적 에너지 생산은 더할 나위 없는 선택이었다. 지구상에 존재하는 대부분의 척추동물은 헤모글로빈을 이용해 산소를 전달한다. 그래서 이들의 몸에는 모두 붉은 피가 흐른다.

'피' 하면 떠오르는 빨간색은 헤모글로빈이 가시광선 중 붉은색 이외 파장의 빛을 흡수하기 때문에 관찰되는 현상이다. 특히 산소와 결합한 상태에서는 동맥혈의 선명한 밝은 적색이, 산소가 떨어져 나간 정맥혈 상태에서는 보다 어두운 적색을 나타낸다. 만일 산소 운반 장치로 헤모글로빈을 쓰지 않는 생명체라면, 빨간 피가 아닐 수도 있다. 예컨대 거미, 전갈, 투구게 같은 동물은 철이 함유된 헤모글로빈이 아니라 구리가 포함된 헤모시아닌(hemocyanin) 분자를 이용해 산소를 운반한다. 흡수하는 가시광선 파장도 다르기 때문에 이들의 피는 파란색으로 보인다.

그래서 붉은 피는 우연의 산물이자 우주의 신비이기도 하다. 인류의 붉은 피, 나미비아의 붉은 사막, 로마 신화에서 전쟁의 신을 상징하고 오랫동안 인류에게 미지의 공포를 선사해온 밤하늘의 붉은 화성(Mars)은 모두 산화철을 공유하고 있다. 이렇게 각기 다른 곳에서 각기 다른 모습으로 존재하는 철은 모두 태초의 빅뱅으로부터 유래했다. "우주가 우리 안에 있다. 우리는 별의 물질들로 만들어졌다"라는 칼 세이건의 표현은 그저 문학적 은유가 아니다.

우주와 생명 진화의 관점에서 본다면 붉은 피는 그저 우연의 산물이지만 인간 사회에서 붉은 피의 의미는 남다르다. 거의 모든 문화권에서 붉은 피는 생명의 정수로 여겨지며, 그렇기에 삶과 죽음, 고귀한 희생이나 비극을 드러내는 절대 상징이기도 하다. 동양의 무협 세계에서 '기어이 일어난 혈겁(血劫)'은 은인자중하던 은둔 고수를 중원 무림으로 불러내고, 서양의 뱀파이어는 어둠 속 '흡혈'을 통해 영생을 이어간다. 독일제국을 통일한 비스마르크는 프로이센 수상 시절이던 1862년 "연설과 다수결을 통해서가 아니라 철과 피를 통해" 독일에서 프로이센의 지위를 확보할 수 있다는 유명한 연설을 했다. 이로써 그는 '철혈(鐵血) 재상'이라는 별명을 얻었다. 살생의 수단으로써 철은 피를 동반한다. 무력으로 아리안 민족의 '순수한 피'를 추구한 결과는 홀로코스트로 귀결되었고, 그 희생을 핑계로 세워진 이스라엘은 미사일과 총으로 가자지구에서 '피의 학살'을 저지르고 있다.

피를 부르는 폭력과 학살이 아니라, 때로는 피 자체가 수탈의 대상이 되기도 한다. 에두아르도 갈레아노의 역작 《라틴아메리카의 열린 혈맥》에 등장하는 '혈맥'이라는 표현은 그저 비유만은 아니다. 라틴아메리카 독재자들은 말 그대로 가난한 민중

1972년 1월 28일 뉴욕타임스 기사. 리처드 세베로(Richard Severo) 기자는 미국이 돈으로 가난한 나라의 혈액을 사들이고 있는 현실을 폭로했다.

의 피를 착취했다. 니카라과 소모사 독재 정권의 비호를 받는 플라즈마페레시스(Plasmaféresis)라는 회사는 가난한 시민들로부터 헐값에 피를 사서 미국에 수출했다. 1978년 산디니스타 혁명이 일어났을 때 성난 민중들은 이 회사를 불태웠다. 그런가 하면 쿠바 혁명을 피해 미국으로 망명한 이들이 세운 업체인 헤모 캐리비안(Hemo Caribbean)은 매월 5000~6000L의 혈

액을 세계에서 가장 가난한 나라인 아이티 시민들로부터 사들였다. 1972년 〈뉴욕타임스〉 기사에 따르면, 당시 아이티 시민의 80~90%가 문맹이었으며 실업과 극단적 빈곤, 영양실조에 시달리고 있었다. 그들은 1L에 3달러를 주고 주민들의 피를 뽑아서 미국 시장에서 25달러에 팔았다. 아이티의 독재정권 듀발리에 정부와 계약을 맺은 정식 사업이었기에 가능한 일이었다.

2023년 넷플릭스에 공개된 영화 〈공작(El Conde)〉에서 칠레의 악명 높은 독재자 피노체트는 아예 흡혈귀로 등장한다. 18세기 프랑스 왕당파 군인이었던 그는 우연히 뱀파이어에게 물리면서 영생을 얻는다. 마리 앙투아네트의 처형을 목격한 뒤 죽은 것으로 위장하고 해외로 도피해, 200년 가까이 세계 여러 곳에서 혁명 운동을 탄압하는 일에 참여한다. 그리고 1935년, 마침내 칠레에 정착하여 우리가 익히 알고 있는 피의 만행을 저지른다. 그는 직유이자 은유로써 민중의 피를 수탈한다. 그것도 아주 뻔뻔하게. 영화를 보면서 피노체트와 그 가족들이 내세우는 논리가 참으로 해괴하면서도 어딘지 낯익다 싶었는데 왜 그런 감정이 들었는지 12·3 쿠데타를 거치며 뒤늦게 깨달았다.

그러나 붉은 피에 수탈의 역사만 있었던 것은 아니다. 우리에게는 피의 연대가 존재한다. 1970년 출판되어 사회정책 분야의 고전이 된 리처드 M. 티트머스의 저서 《선물 관계》(이학사, 2019)는 영국과 미국의 혈액 관리 시스템을 비교하며 사회정책의 본질을 탐구한다. 사회정책을 다루는 데 웬 혈액인가 싶지만 티트머스는 혈액을 '마지막 시험대'로 생각했다. 혈액이 상품이 된다면 심장·안구·콩팥 같은 장기 역시 상품이 될 것이며 혈액이 달러로 교환될 수 있다면 인간의 어떤 활동이나 관계를 달러로 교환하는 일도 도덕적으로 허용될 수 있으리라고 보았던 것이다.

영국에서는 헌혈과 수혈 모두 국립보건서비스(NHS) 체계가 관리하는 공공 서비스의 한 부분이었고 지금도 그러하다. 헌혈은 자발적으로, 금전적 보상 없이 이루어진다. 수혈 서비스도 다른 의료 서비스와 마찬가지로 필요한 사람에게 무료로 제공된다. 당시 티트머스가 분석한 헌혈자들의 특성을 살펴보면, 여건상 헌혈이 어려운 가임기 여성이나 노인, 어린이를 제외한다면 성별, 연령, 직업, 계층 등에서 대체로 일반 인구 집단과 비슷했다. 반면 미국에서 혈액 공급은 '시장'이 주도했다. 보수를 받고 헌혈하는 사람, 즉 돈을 벌기 위해 헌혈하는 사람들이 다수를 차지했으며 수혈이 필요한 환자들은 상당한 비용을 내고 혈액을 구매해야 했다. 혈액 유통을 위한 일련의 과정, 이를테면 헌혈자를 모집하여 보수를 지불하고, 혈액을 채취하고, 이를 병원이나 제약회사·연구소 등에 판매하는 역할은 영리기업들이 맡았다. 공적 관리 체계가 없다 보니 한쪽에서는 혈액 재고가 쌓여 폐기되는데, 다른 쪽에서는 필요한 혈액을 제때 구하지 못하는 상황도 빈번하게 일어났다. 낭비이자 비효율이다.

더 심각한 문제는 혈액의 안전이었다. 이때는 아직 바이러스성 간염의 진단법이 확립되지 않은 시절이었다. 혈액의 오염 가능성은 헌혈자의 최근 건강 상태, 그리고 발열 등 간염을 의심할 만한 증상을 경험한 적이 있는지 헌혈자의 솔직한 답변에

티트머스는 혈액을 '마지막 시험대'로 생각했다.
혈액이 상품이 된다면 신체 장기는 물론
인간의 어떤 활동이나 관계를 달러로 교환하는 일도
도덕적으로 허용될 수 있으리라고 보았다.

의존하여 판단할 수밖에 없었다. 그런데 피를 팔아서라도 돈을 마련해야 하는 이들일수록 간염 고위험군인 경우가 많았고, 돈이 절박하다 보니 자신의 건강 상태를 솔직하게 털어놓지 않는 일이 흔했다.

헌혈자들을 조사해보면 미국에서는 영국과 달리 실업이나 불안정 노동 종사자, 소수인종, 마약중독자 등 사회적으로 취약한 이들의 헌혈 빈도가 전체 인구 집단보다 훨씬 높았다. 그 결과 피를 수혈받은 이들의 간염 빈도는 영국보다 미국에서 훨씬 높았고, 미국 안에서도 '매혈(賣血)' 비중이 높은 지역일수록 간염이 빈번하게 발생했다. 미국 전문가들은 안전 문제를 우려하며 상업적으로 공급되는 혈액을 쓰지 말아야 한다고 주장하기까지 했다.

또 다른 문제는 불공정이었다. 헌혈자에게 경제적 보상을 하고 기업의 이윤도 남겨야 하니 혈액의 가격은 비싸질 수밖에 없다. 니카라과나 아이티 시민들의 혈액이 미국으로 흘러 들어간 것도 당시의 이런 상황과 관계있었다. 미국 국내에서 혈액을 채취하는 것보다 가격도 저렴하고, 아직 '마약 청정국'이었으니 경제적으로 아주 바람직한 선택이었던 셈이다. 결국 가난하고 기댈 곳 없는 사람들의 피를 뽑아서 지불 능력이 있는 부유층에게 이를 공급하는 시스템이 만들어진 것이다.

1980년 광주의 자발적 헌혈 연대

사실 자발적 헌혈은 매우 특별한 실천이자 선물이다. 누가 억지로 시킨 것도 아니고, 특별한 보상이 있는 것도 아니며, 심지어 약간의 고통과 불편도 따른다. 내 피를 수혈받은 사람이 누구인지도 알 수 없고, 그러니 감사 인사나 보답을 기대할 수도 없다. 그런데도 사람들은 자발적으로 헌혈을 한다. 티트머스의 책에 소개된 영국의 헌혈자는 이렇게 이야기한다. "아픈 사람이 자기 생명을 구하고자 침대 밖으로 나와 당신에게 1파인트의 혈액을 요청할 수는 없다. 그래서 내가 혈액이 필요한 누군가를 도와야겠다는 생각에 나섰다."

티트머스는 이렇듯 '답례나 행동에 대한 개인의 권리를 수반하지 않는 사회적 선물과 행동'을 '창조적 이타주의'라고 불렀다. 그는 사회가 제도를 어떻게 설계하고 운영하는지에 따라 시민들의 이타주의를 강화시킬 수도 혹은 약화시킬 수도 있다고 보았다.

경제적 곤경에 처한 사람들이 어쩔 수 없이 선택하는 경제적 수단으로 매혈이 자리 잡은 사회에서 낯모르는 이웃을 돕고자 자발적 헌혈을 선택하기란 쉽지 않다. 남들은 돈을 받는데 나만 안 받는 게 억울해서가 아니다. 이미 매혈이 표준이고 혈액이 상품으로 거래되는 사회에서는, 이타적 이유로 헌혈하고 싶은 사람이 굳이 자신의 피를 상품으로 내다 팔 이유가 없다. 선의로 헌혈해봤자 수혈받는 사람의 부담이 사라지는 것도 아니고 기업의 배만 불려주게 된다. 티트머스는 '우리의 정책과

과정이 사람들이 익명의 낯선 사람들에게 증여하도록 선택할 자유를 보장'할 수 있다고 믿었다. 물질적 결핍을 지원하는 것을 넘어서, 도덕적 선택을 할 자유를 보장하는 사회정책이라면 인간 해방에 한 걸음 더 다가가게 만들 수 있으리라.

《선물 관계》는 이후 사회정책뿐만 아니라 세계적으로 자발적 헌혈이 표준이 되도록 하는 데에도 큰 영향을 미쳤다. 이 책에는 1960년 기준 한국의 매혈 비율이 90%라고 기록되어 있다. 국내에서도 1970년대 초반까지 매혈로 혈액을 조달하다가 1974년에 자발적 헌혈 체계로 바뀌었다. 그리고 자발적 헌혈 체계가 확립된 지 얼마 지나지 않아, 우리는 역사적인 피의 연대를 경험했다.

1980년 5월, 광주의 전남대병원이 혈액원을 개소한 지 아직 6개월밖에 안 된 시점이었다. 우리 모두가 알고 있는 바로 그 사건, 잔혹한 국가 폭력이 발생했다. 외상 환자가 급증해서 병원 복도에까지 환자를 눕혀야 했고, 어떤 의사는 하루에 스무 명을 수술하기도 했다. 비축해놓은 혈액이 부족할 수밖에 없었다. 그러나 이 상황이 알려지면서 시민들이 자발적으로 병원에 몰려들었다. 그저 '자발적'이라는 표현만으로는 충분치 않았다. 당시는 계엄군이 시가지를 장악하고 대중교통도 끊어졌던 때이다. 집 밖으로 나갔다가 언제 계엄군의 총검에 희생되거나 끌려갈지 알 수 없는 상황이었다. 그런데도 사람들은 때로는 한 시간을 넘게 걸어서, 골목길로 군인들을 피해가며, 병원을 찾았다. 2017년에 발행된 전남대학교병원의 〈5·18 민주화운동 의료활동집〉에 실린 글에서 한 의료인은 "혈액원 입구에서 병원

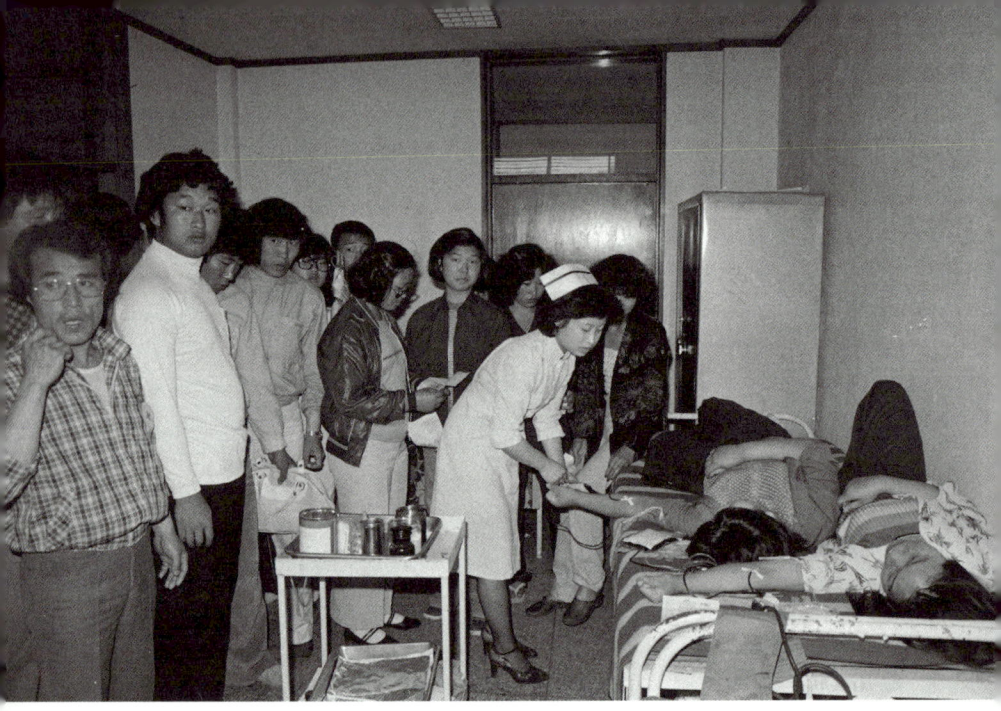

"혈액원 입구에서 병원 정문까지 구불구불하게
줄을 늘어선 사람들 모습이 아직도 눈에 선하다."

헌혈을 하기 위해 병원에 몰려든 시민들. ⓒ이창성/5·18 기념재단

정문까지 구불구불하게 줄을 늘어선 사람들 모습이 아직도 눈에 선하다"라고 회고했다. 총칼에 의해 자유를 빼앗긴 현장에서 '익명의 낯선 사람들에게 증여하도록 선택'했던 광주 시민들이야말로 진정한 '자유'가 무엇인지 깨달았던 사람들이다.

    계엄군, 헬기, 장갑차, 총칼과 맨몸의 시민들이 마주하는 초현실적 장면의 충격이 채 가시지 않은 2024년 12월 7일, 스웨덴 한림원에서 한강 작가의 노벨문학상 수상 기념 강연이 열렸다. 제주 4·3과 광주 5·18이라는 국가 폭력을 주제로 책을 쓴 작가가 노벨상을 받게 되었는데 바로 그 시점에 또 다른 국가 폭력이라니, 이 무슨 운명의 장난인가 싶었다. 하지만 한강 작가는 여전히 차분했다. 그는 글을 쓰면서 "과거가 현재를 도울 수 있는가? 죽은 자가 산 자를 구할 수 있는가?" 묻게 되었고, 실제로 그러한 순간들을 경험한 적이 있노라고 말했다. 이 말을 듣자마자, 이 문장을 읽자마자, 많은 사람이 즉시 깨달았다. 지금 우리의 민주주의가 누구에게 빚을 지고 있는지, 우리의 투쟁이 누구로부터 비롯된 것인지를. 그리고 과거와 현재를 잇는 피의 연대는 결국 총칼의 힘을 무너뜨렸다.

칼슘

뼛속에 새겨진 삶과 역사

국회에 군인이 쳐들어가는 모습을 생중계로 보고 난 직후, 이제는 백두산이 분화하고 소행성이 지구로 돌진해도 놀라지 않을 것 같다는 글을 쓴 적이 있다. 경솔한 단언이었다. 세상은 넓고 미치광이는 많았다. 내란의 밤 이후 결국 내란 수괴의 파면에 이르기까지, 거의 매일 "아니 저럴 수가?"를 반복했다. 백골단의 등장도 그중 하나였다. 설마 내가 아는 그 백골단? 지금? 2025년에? 게다가 '앗, 무슨 의미인지 모르고 썼네, 미안. 이름 바꿀게'라며 발뺌할 줄 알았더니 "백골 정신 부끄러운 것 아니"라면서 당당하게 나올 줄이야. 정말 꿈에서도 생각지 못했던 일이다.

1980~1990년대 시위에 참여했거나 목격했던 사람들에게 백골단이라는 단어는 국가 폭력과 동의어였다. 청재킷과 청바지, '하이바'라고 불리는 하얀 헬멧을 쓴 남성들이 우르르 나타나 곤봉과 방패를 무차별적으로 휘두르며 사람들을 때리고 짓밟는 모습을 눈앞에서 처음으로 보았던 날, 나는 그야말로 정신이 나가버렸다. 시위 경험이 적잖이 쌓인 후에도, 페퍼포그

시위 현장의 백골단.

의 요란한 발사 소리와 하늘을 가르는 최루탄의 궤적에 가슴이 쿵쾅거리기 시작하는 증상은 좀처럼 사라지지 않았다. 이제 곧 백골단이 뛰어나온다는 신호였기 때문이다.

 1991년 봄, 백골단이 휘두른 쇠 파이프에 맞아 명지대 학생 강경대가 사망했다. 이를 규탄하는 대학생들의 동맹휴학이 전국으로 이어졌다. 학생운동에 비교적 무심했던 의대생들도 학생총회를 열고 여기에 동참했다. 연일 가두시위가 벌어지는 가운데 경찰의 폭력적 진압도 반복되었다. 그리고 5월 25일, 그날따라 제복을 입은 전경들과 백골단의 대응이 유난히 폭력적이었다. 시위대는 쫓겨서 뿔뿔이 흩어졌고, 우리 일행도 충무로 인근 골목에서 토끼몰이를 당했다. 좁은 골목길에 가로막힌 시위대를 향해 최루탄이 무더기로 쏟아졌다. 도무지 숨을 쉴 수가 없었다. 눈물, 땀, 콧물, 침에 젖은 사람들의 얼굴과 목, 팔에는 수포가 번져 올라왔다.

하지만 울고 앉아 있을 수만은 없었다. 자욱한 최루가스 너머로 다가오는 백골단을 피해 사람들은 필사적으로 도망쳤다. 샛길로, 문 열린 건물 안으로. 누군가는 담을 넘었다. 우리도 인근 건물로 도망쳐 겨우 숨을 돌릴 수 있었다. 그곳으로 몸을 피한 낯선 사람들과 함께 '이러다 누구 하나 죽겠다'며 걱정을 나누었다.

거리의 소음이 잠잠해진 뒤 밖으로 나왔을 때, 골목에는 벗겨진 신발들이 나뒹굴고 있었다. 학교로 돌아오는 길에 만난 선배도 난리통에 신발을 잃어버렸다며, 동네 문구점에서 산 하얀 실내화를 신고 있었다. 엉망진창 행색 때문에 깨끗한 새 신발이 더욱 도드라져 보였다. 휴대전화도 소셜미디어도 없던 시절, 그날 저녁 뉴스를 보고서야 우리는 알게 되었다. 우리가 쫓기던 바로 옆 골목에서 정말로 사람이 죽었다는 것을. 성균관대 학생이던 김귀정 열사였다.

분노나 슬픔보다 두려움이 앞섰다. 진짜 사람이 죽었구나, 그것도 바로 근처에서. 저게 나일 수도 있었다. 벌써 30년도 전의 일이라 그 순간을 잊은 줄 알았다. 그런데 아니었다. 이번에 국회에 등장한 백골단의 이름을 듣는 순간, 소름과 두려움이 솟아올랐다. 기억 저 깊은 곳에서 트라우마로 남아 있었던 것 같다. 기억은 힘이 세다.

경찰의 공식 직제에 '백골단'이라는 이름은 없다. 그들의 정식 명칭은 사복 체포조이다. 언제 처음 백골단이라는 이름이

칼슘

사용되었는지 모르지만, 해골을 연상시키는 특유의 하얀 헬멧과 그들의 거침없는 폭력 때문에 한번 보면 그 이름을 잊을 수 없었다. 무협소설 《사조영웅전》에 등장하는 무공 '구음백골조(九陰白骨爪)'는 내공이 실린 손가락으로 상대방의 두개골에 다섯 개 구멍을 내는 악랄한 초식으로 악명이 높았다. 서양의 해적선들은 뱃사람들에게 두려움을 주기 위해 깃발에 해골을 그려 넣었다. 여러 고대 문명의 종교 지도자나 권력자들은 실제 해골을 쌓거나 해골 조형물 장식을 통해 피지배자, 외부인들에게 공포를 불어넣고 권력을 과시했다. 문명이 붕괴된 미래 사회를 그린 영화 〈매드맥스: 분노의 도로〉의 악당 임모탄은 해골을 연상시키는 마스크를 쓰고 다녔으며, 그가 지배하는 골짜기 곳곳이 해골 장식으로 넘쳐난다. 이렇게 하얀 해골은 여러 문화권에서 죽음과 공포의 상징이다.

유골과 화석이 증언하는 역사

해골이 하얗게 보이는 것은 인산칼슘($Ca_3(PO_4)_2$) 성분 때문이다. 살아 있는 사람의 뼈는 뼈막으로 덮여 있고, 안에는 혈액을 만들어내는 골수가 차 있기 때문에 약간 붉은빛이나 노란색으로 보인다. 그러나 죽고 나서 시간이 흘러 혈액과 물렁조직이 모두 분해, 건조되고 나면 무기질화된 구조만 남는다. 이것이 표면에서 빛을 반사시킴으로써 흰색으로 보이는 것이다. 사실 원소기호 20번 칼슘은 정제 상태에서 흰색이 아니라 약간 은회

색에 창백한 노란빛이 감돌며, 다른 여러 금속성 원소들과 달리 치명적 독성도 없다. 물론 지나치게 높은 혈중 농도는 문제를 일으킬 수 있지만, 칼슘은 '필수적'이라는 말로는 다 표현할 수 없을 만큼 우리 몸에서 중요한 역할을 한다. 죽음이나 공포와는 전혀 어울리지 않는 존재다.

칼슘의 가장 친숙한 역할은 뼈의 주재료라는 것이다. 칼슘은 인산과 결합하여 뼈의 강도를 유지하며, 인간은 물론이고 많은 동물들의 내골격 혹은 외골격을 구성한다. 사람과 같은 척추동물이든, 게나 새우 같은 갑각류든 골격, 말 그대로 '뼈대'가 없는 생명체는 상상하기 어렵다. 찰흙이나 석고로 조각품을 만들 때, 먼저 철사 등으로 '뼈대'를 세우지 않으면 형태를 잡기 어렵고 쉽게 무너져 내린다는 것은 초등학생도 알고 있는 사실이다.

그러나 단단해 보이는 겉모습과 달리 뼈는 돌이나 쇳덩어리 같은 고정된 물체가 아니다. 뼈는 쉴 새 없이 스스로를 '리모델링'한다. 뼈모세포(osteoblast)는 혈중 칼슘을 흡수하여 열심히 뼈를 만들어내고, 뼈파괴세포(osteoclast)는 부지런히 뼈를 파괴한다. 이 둘 사이의 균형에 의해 뼈의 밀도와 강도가 적절하게 유지된다. 뼈는 우리 몸에 존재하는 칼슘의 98%를 담고 있는 저장고 역할을 하면서, 흡수와 배출을 통해 혈중 칼슘 농도에 균형을 잡아준다.

뼈 리모델링 과정의 특징 중 하나는 스트레스를 받아야 뼈가 강해진다는 점이다. 하중을 가하거나 근육을 씀으로써 뼈에 '부하'가 걸려야 뼈모세포가 자극을 받아 열심히 뼈를 생성한다. 만일 이런 자극이 줄어들면 뼈파괴세포 활동이 자극되어 뼈의 무기질이 빠져나가고 구조도 약화된다. 그래서 오랫동안 움직이지 못하고 병상에 누워 있는 환자나 무중력 공간에 오래 머무른 우주비행사들은 뼈의 밀도가 낮아진 상태, 즉 골다공증에 빠지기 쉽다. 특히 척추와 골반, 다리처럼 평소에 하중을 부담하는 뼈들이 문제가 된다. 칼슘과 비타민 D 보충제가 도움이 되기는 하지만, 이는 뼈를 만드는 재료 공급을 원활하게 하는 것일 뿐 근본적인 해결책은 아니다.

뼈는 시련을 필요로 한다. 시련을 통해 강해지는 존재라니, 어쩐지 영웅 서사처럼 멋지게 들리지만 현실에서는 매우 중요한 문제로 이어진다. 예컨대 근력이 약해지고 골밀도가 낮아진 노인들이 넘어져 뼈가 부러지면 제대로 움직이지 못하면서 뼈가 더욱 급속하게 약해지고, 이로부터 급격하게 건강과 삶의 질이 악화된다.

어쨌든 이렇게 강인한 구조 덕분에 시간이 흘러 근육과 신경, 피부 같은 물렁조직이 모두 분해되어 사라진 후에도 뼈는 오랫동안 유골이나 화석으로 남아 역사와 삶을 '증언'할 수 있다. 이미 6500만 년 전에 멸종된 공룡에 어린이들이 열광할 수 있는 것도, 문자가 없던 먼 과거로 돌아가 인류의 기원을 추적하고 이들의 삶을 재구성할 수 있는 것도 모두 칼슘 덕분인 셈이다.

참혹한 국가 폭력의 진실을 밝히거나 불행한 사고 피해자의 신원을 밝히는 데에도 뼈는 중요한 구실을 한다. 한 예로 최근까지도 다랑쉬굴, 공항 활주로, 공초왓을 비롯한 제주 곳곳에서 4·3

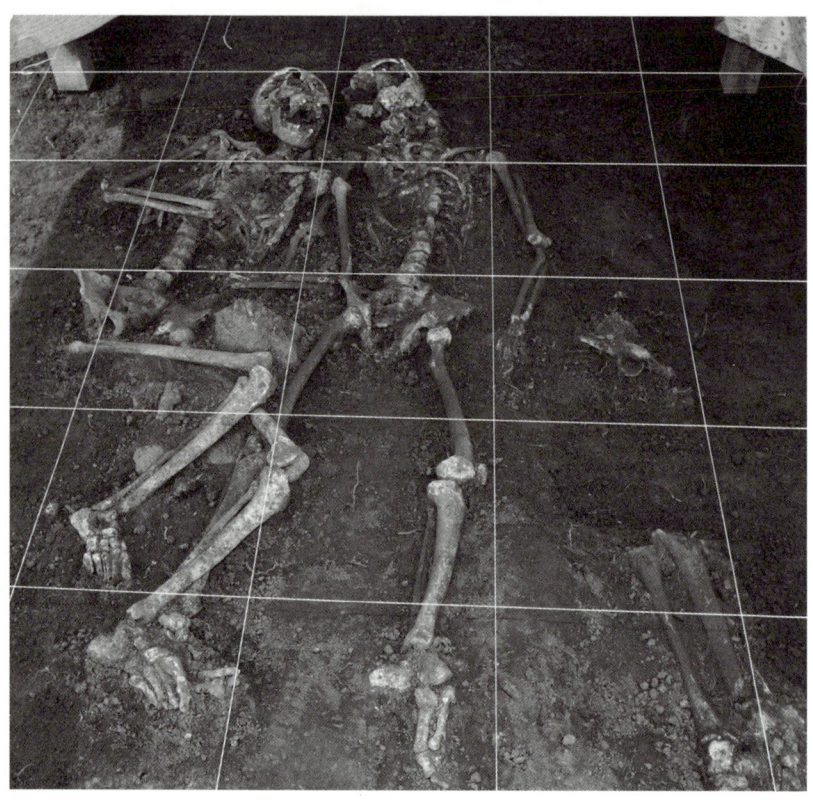

칼슘이 주재료인 뼈는 오랫동안 유골이나 화석으로 남아 역사와 삶을 '증언'할 수 있다.

턱뼈 부근에 소총 탄두가 박힌 4·3 희생자 유해. ⓒ연합뉴스 사건 피해자의 유해가 발굴되는 중이고, 전국에서 일어났던 보도연맹 학살 사건 진상규명에도 유해는 중요한 증거가 되었다.

칼슘이 가진 기억의 힘은 뼈에만 있지 않다. 문자와 그림을 통해 기억 또는 상상을 기록하고 공유하며, 세대를 넘어 전승하는 도구인 종이도 칼슘과 관련이 깊다. 이를테면 기원전 3000년 무렵부터 이집트 지역에서 만들어진 파피루스의 성분 중 하나가 칼슘이었다. 고대 이집트인들이 일찍이 칼슘의 효과를 깨닫고 제조 과정에서 칼슘을 첨가한 것은 아니었다. 다만 파피루스의 주재료 식물 '시페루스 파피루스(Cyperus Papyrus)'가 자라는 습지에 무기질이 풍부했던 까닭에 자연스럽게 섬유질 세포에 칼슘 성분이 많았던 것이다. 칼슘 성분은 파피루스의 구조를 튼튼하게 지탱하면서 손상을 방지해주었다. 이집트 지역의 건조한 기후 덕분에 상당량의 파피루스가 오늘날까지 보존되었고, 이를 통해 고대 왕국의 생활과 문화를 엿볼 수 있다.

파피루스만이 아니라 현대 제지 산업에도 칼슘은 중요하다. 종이 제조 과정에서 투입하는 탄산칼슘($CaCO_3$)은 종이의 섬유조직을 촘촘하게 만드는 충전제 구실을 한다. 입자가 미세하고 백색도가 높기 때문에 종이를 불투명하게 만들어 뒷장의 내용이 비치지 않도록 하며, 잉크를 빨리 흡수하도록 만드는 데도 기여한다. 제지 산업은 탄산칼슘 업계의 큰손이다.

신경세포 마을 연결하는 파발마

유골과 화석, 종이를 통하지 않고도 칼슘은 그 자체로 기억의 수호자다. 우리 인간의 뇌가 기억을 형성하고 유지하는 데 칼슘은 결정적 역할을 한다. 온몸 구석구석에 전류가 흐르고, 전기신호를 통해 신경과 근육이 통제되며 기억과 연산, 사고(思考)가 일어나는 존재라고 하면 SF 영화 속 휴머노이드 로봇을 떠올리기 쉽지만, 인간 역시 '전기'로 움직인다.

인간 세포의 대부분은 세포막을 경계로, 세포 안팎에 −70mV 정도의 미세한 전위 차이를 유지하고 있다. 세포 중에서도 신경세포나 근육같이 전기자극에 특별히 예민한 세포들은 자극에 의해 급격한 전위 변화가 일어난다. 세포막에 있는 채널이 열리면서 양전하를 띤 소듐 이온(Na^+)이 순식간에 세포막 안쪽으로 유입되어 전위가 급상승하고, 뒤이어 포타슘 이온(K^+)이 빠르게 유출되면서 전위가 다시 급속히 낮아지는 사이클이 발생한다. 이러한 현상을 '활동 전위(action potential)'라고 한다. 세포막 안팎의 급속한 전압 변화, 즉 활동 전위가 도미노처럼 연속적으로 이어지면서 순식간에 전기신호가 전달된다. 이 신호가 신경세포 말단에 도달하면 세포막의 칼슘 이온(Ca^{2+}) 채널이 열리며 세포 내로 칼슘 이온이 재빨리 유입되고, 그에 따라 도파민·세로토닌·에피네프린 같은 신경전달물질(neurotransmitter)이 신경세포들의 연접 틈새(synaptic cleft)로 방출된다.

방출된 신경전달물질은 이웃해 있는 다음 신경세포의 수

용체에 부착되어 자극을 일으키며, 다음 활동 전위의 전파로 이어진다. 칼슘은 신경세포 마을들에 소식을 전파하는 파발마 역할을 한다고 말할 수 있다. 신경망으로 연결된 근육과 샘(gland) 조직들은 이렇게 전기신호와 신경전달물질의 지시를 받아서 고유의 기능을 수행한다. 페미니스트 과학기술학 연구자 도나 해러웨이는 인간과 기계, 자연과 문화 사이의 이분법적 경계가 허물어지고 있다고 지적하며 현대 인간을 '사이보그'로 지칭했다. 하지만 이미 인류는 호모 사피엔스로 자리 잡기 훨씬 이전부터 전기적·화학적 신호로 작동해온 '내추럴 본' 사이보그였다.

이렇게 신경세포 사이 신호 전달의 핵심 물질인 만큼, 칼슘은 기억의 형성과 유지에서도 빠질 수 없는 존재다. 기억의 핵심은 모름지기 신경세포들 사이의 '연결'이다. 그리고 이는 조건에 따라 강화되기도 하고 약화되기도 한다. 자꾸 움직이고 중량 부담을 주어야 뼈가 튼튼해지듯, 신경세포도 자꾸 써야 연결망이 강해진다. 그래서 시간 간격을 둔 반복 학습은 장기기억 유지에 효과적이다. 특히 의식적으로 기억을 자꾸 꺼내보는 것은 신경 연결망을 단단하게 다지는 데 효과가 크다. 단순히 반복적으로 보거나 듣는 것에서 벗어나 적극적으로 기억해내고 자신의 방법으로 요약하여 글로 쓰거나 말을 한다면 기억 강화는 배가된다.

기억을 향상시키는 또 다른 팁이라면 잠을 잘 자는 것이다. 뇌의 해마 부위는 기억이 처음 '입고'되는 곳이다. 일과 시간에 형성되는 단기기억이 일단 이곳에 저장되었다가 잠이 들면 신경 연결망을 통해 대뇌의 새겉질로 보내져 장기 저장의 채비를 한다. 자는 동안에는 불필요하거나 약한 신경 연결망이 제거되어 새로운 정보 저장 공간을 늘리는 작업도 함께 이루어진다. 그래서 밤샘 벼락치기로 시험공부를 하는 것은 그다지 좋은 전략이 아니다. 물론 뇌과학을 몰라서 그렇게 하는 것은 아니겠지만.

한편 단순한 사실이 아니라 (극심한) 감정과 결부된 기억은 뇌의 편도 부위를 일깨워 기억의 입력을 강화한다. 내가 30년도 넘은 백골단의 폭력을 생생하게 기억하는 것, 사람들이 세월호 침몰 소식을 듣던 시각 자신이 어디에서 무엇을 하고 있었는지 세세하게 기억하는 것은 그 순간의 감정이 편도를 일깨웠기 때문이다.

2024년 12월 3일 비상계엄 선포부터 2025년 4월 4일 마침내 대통령 파면에 이르기까지 100일이 넘는 동안, 우리 뇌에서는 말 그대로 '혼돈의 카오스'가 펼쳐졌다. 극심한 감정적 분노를 일으키는 사건들을 반복적으로 경험하면서 편도와 해마 그리고 신경세포들이 그 어느 때보다 부지런히 가동되고 연결을 다지며 역사적 순간들을 뇌에 '각인'시켰다. 그런가 하면 심각한 수면 부족과 불안 때문에 또 다른 소중한 기억들이 길을 잃기도 했다. 평생 알 필요가 없었던 방첩사니 수방사니 하는 군부대 장성들의 얼굴은 기억해낼 수 있게 되었지만, 기다리던 한강 작가의 노벨문학상 수상 생중계 일정은 까맣게 잊어 놓치고 말았다. 20년 만에 엄마와 함께 갔던 제주 여행의 추억보다, 그곳 숙소 거실에서 본 대통령 체포 실패 뉴스 영상이 더 생생히

칼슘

기억에 남았다.

　하지만 어쩌랴. 이미 역사의 격랑 속에 던져진 것을. 시민들과 함께 추운 거리를 행진하며 골밀도의 '역사적' 강화를 도모하고, 빛나는 응원봉과 깃발의 물결을 머릿속에 각인하며, 민주주의와 연대가 마침내 승리한 기억을 미래의 우리와 다음 세대에게 전하는 수밖에. 나는 진지하게, 그리고 은밀하게 칼슘에게 부탁했다. 친애하는 칼슘 동지, 엄중한 상황이니 부디 맡은 바 임무를 다해주시오!

칼슘 덕분에 골밀도의 '역사적' 강화를 도모하고,
응원봉의 물결을 머릿속에 각인하며,
민주주의와 연대가 승리한 기억을 다음 세대에게 전할 수 있다.

2024년 겨울 서울 광화문 인근에서 열린 윤석열 퇴진 집회를 가득 채운 색색의 응원봉. ⓒ시사IN

질소

절멸 캠프에서 본 인간의 얼굴

제2차 세계 대전이 끝난 직후, 모든 화학원소 대표들이 트랄파마도어 행성에 모였다. 그들의 일부 구성원이 인간처럼 잔인하고 어리석은 유기체의 몸에 포함되었던 것에 항의하기 위해서였다. 폴로늄(Po)과 이터븀(Yb) 같은 원소는 인체를 구성하는 필수 요소가 아니었지만, 어떤 화학물질도 그렇게 오용되어서는 안 된다며 함께 분노했다. 반면 역사상 수많은 학살에 연루되었던 주범 탄소(C)는 엉뚱한 사건을 언급하며 참가자들의 주의를 다른 곳으로 돌리려는 비열한 모습을 보였다. 질소(N)는 2차 대전 당시 죽음의 수용소에서 나치 경비병과 의사 몸의 일부가 되어 비자발적 복무를 한 것을 두고 울먹였다. 이 자리에서 소듐(나트륨, Na)은 모든 인간을 죽게 만드는 전략을 제안한다. 그렇게 되면 우주가 탄생할 때와 마찬가지로 모든 원소는 다시 죄 없는 상태가 될 것이라고 주장하면서 말이다. 커트 보니것의 소설 《타임퀘이크》(문학동네, 2022)의 한 장면이다.

원소기호 7번 질소는 나치 경비병과 나치에 부역한 의사뿐

질소

아니라 모든 인간, 아니 단백질로 이루어진 모든 유기체의 몸을 구성하는 핵심 성분이다. 자연 상태에서 대단히 흔한 물질이기도 하다. 우주를 구성하는 원소 중에서 여섯 번째로 흔하며, 지구 대기의 78%를 차지하고 있다. 질소가 이렇게 풍년이니, 근육을 부풀리려고 맛없는 닭가슴살을 먹으며 애쓸 것이 아니라 뻐끔뻐끔 숨만 열심히 쉬어도 단백질을 합성할 수 있을 것 같지만 아쉽게도 그럴 수는 없다. 우리 몸이 질소를 이용하려면 다른 원소들과 반응할 수 있는 '불안정한' 형태로 존재해야 하는데, 대기 중의 질소 분자는 질소 원소 두 개가 강력한 삼중결합을 이룬 매우 안정된 상태로 존재한다. 인간은 물론 어떤 동식물도 이 결합을 깨뜨려 직접 활용할 수 없다.

물론 해결책이 없지는 않다. 오랜 진화의 역사에서 번개와 세균이 중요한 역할을 해왔다. 강력한 전기적 자극, 즉 번개에 의해 대기 중의 산소와 질소가 질산염(NO_3^-) 이온 형태로 변환될 수 있으며, 이것이 빗물에 섞여 토양까지 도달한다. 또한 토양에 존재하는 뿌리혹박테리아 같은 질소고정세균은 대기 중의 질소를 암모니아(NH_3)나 암모늄 이온(NH_4^+)으로 변환시킬 수 있다. 이렇게 활용 가능한 형태가 된 질소는 식물의 뿌리로 흡수되어, 먹이사슬을 타고 동물과 인간에게까지 전달되어 우리 몸을 구성하게 된다. 그리고 이들이 배설하는 대소변과 사체를 통해 질소는 다시 자연으로 돌아간다. 《주기율표》에서 프리모 레비는 질소의 여정을 "공기에서 식물로, 식물에서 동물로, 동물에서 우리 인간에게로 기적적일 정도로 순환된다"라고 설명했다.

과학은 이토록 유구하고 신비로운 자연의 순환 과정에 일대 변혁을 가져왔다. 20세기 초, 독일의 화학자 프리츠 하버는 질소와 수소 기체로부터 암모니아를 대량 생산하는 방법, 일명 '하버-보슈(Haber-Bosch) 과정'을 개발했다. 이 공로로 그는 1918년에 노벨 화학상을 받았다. 불쾌한 냄새의 대명사인 암모니아 제조 덕분에 노벨상까지 받았다는 게 이상해 보일 수도 있지만, 이는 인류를 식량난에서 구한 대발견이었다. 이를 통해 합성비료를 개발할 수 있게 되었고, 그로부터 촉발된 농업혁명은 폭발적으로 늘어난 인구의 식량문제를 해결하는 데 기여했다. 오늘날 전 세계 식품 생산량의 3분의 1 정도가 이 과정을 통해 생산한 암모니아 덕분이다. 이렇게 생산된 식품은 세계 인구의 절반 정도를 먹일 규모라고 하니 실로 대단한 성과임에 틀림없다.

이 열심과 부지런함의 정체는 대체 무엇인가

뛰어난 화학자이자 애국자였던 하버는 제1차 세계 대전 동안 염소가스 등 화학무기를 개발하는 데에도 적극적으로 참여했다. 그는 "평화 시기에 과학자는 '세계'에 속하지만, 전쟁 동안에는 '조국'에 속한다"는 말을 남기기도 했다. 그의 연구 성과는 데게슈(Degesch)라는 독일 국영 화학기업의 설립으로 이어졌고, 바로 이곳에서 악명 높은 살충제 치클론 B(zyklon B)가 개발되었다. 이 살충제의 주성분인 시안화수소(hydrogen cyanide,

제1차 세계 대전 당시 독일 군인들에게 화학가스 개발을 지시하는 프리츠 하버. (왼쪽에서 두 번째) ©Max-Planck-Gesellschaft

HCN)는 세포호흡을 방해함으로써 유기체 생존에 필수적인 세포의 ATP 합성을 가로막아 빠르게 죽음에 이르도록 한다.

치클론 B는 1880년대부터 과수 재배나 곡식 저장고의 해충 방제 작업에 쓰였지만, 가볍고 쉽게 비산(飛散)되는 특성 때문에 사용이 불편했다. 데게슈 소속 화학자들은 시안화수소에 사용자 안전을 위한 경고용 안(眼) 자극제(eye irritant), 규조토 등을 더해 캔으로 포장한 제품을 개발해서 상용화했다. 이는 제2차 세계 대전 이전까지 독일뿐 아니라 세계 곳곳으로 수출되어 국경의 화물 검역, 창고나 화물열차, 수송선의 해충 방제에 널리 쓰였다.

그런데 세포의 ATP 생성이 필수적인 것은 이(蝨)나 쥐 같은 해충류만이 아니다. 사람 역시 시안화수소에 노출되면 치명

**치클론 B의 개발에 기여한
애국심 강한 독일 국민 프리츠 하버,
그는 유대인이었다.**

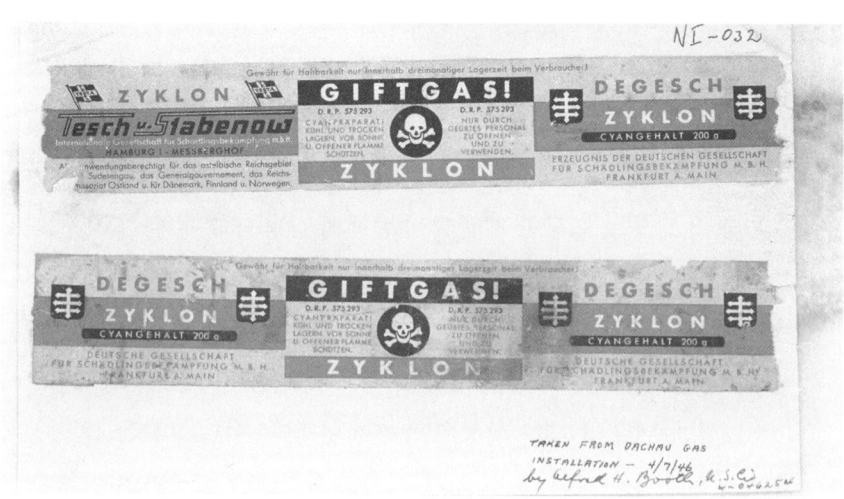

프리츠 하버와 뉘른베르크 재판에서 증거로 사용된 다하우 수용소의 치클론 라벨.

적 결과가 초래된다. 매우 빠르게 작용하는 데다 독성도 강해서, 체중 68kg의 인간이 70mg을 들이마시면 2분 이내에 사망할 수 있다고 알려져 있다. 이 때문에 제품에 일부러 경고용 자극제를 첨가하고, 사용 시 호흡보호구 착용과 환기 같은 안전조치를 취하도록 했다.

이야기가 이 정도에서 끝났다면 좋았겠지만, 현실은 그렇지 않았다. 트랄파마도어 행성에서 질소가 울먹였던 것은 단지 나치 경비병과 의사의 몸을 이루는 성분이었기 때문만은 아니었다. 1942년, 나치는 '절멸 캠프(extermination camp)'에서 사람들을 학살하는 데 이 가스를 이용하기 시작했다. 1944년까지 약 3년 동안 110만 명 이상의 유대인, 집시, 장애인, 동성애자, 나치에 반대하는 정치범과 레지스탕스 등이 치클론 B에 희생되었다. 치클론 B의 개발에 기여한 애국심 강한 독일 국민 프리츠 하버는 1933년 나치가 권력을 잡자 자리에서 쫓겨나 타향에서 사망했다. 그는 유대인이었다.

사실 이렇게 큰 '학살' 숫자와 마주하면 현실감각을 잃게 된다. 독일의 부헨발트 수용소, 폴란드의 아우슈비츠-비르케나우 수용소를 직접 가보았을 때에도 공포나 슬픔보다 의아함이 더 크게 일었다. 도대체, 이게 이렇게까지 열심히 할 일인가? 유럽 전역에 흩어져 있는 사람들을 기차에 태워 이 멀리까지 이동시키고, 조금이라도 빠른 업무 처리를 위해 철로를 수용소 앞마당까지 연결하고, 그 많은 포로들을 특성에 따라 세세히 분류하여 라벨을 붙이고, 많은 사람을 한꺼번에 빠르게 죽이기 위해 별도로 가스실을 건설하고, 시체를 옮기는 수레에 잔여물이 남지 않도록 수레 내부를 코팅하고, 가스실에서 소각로 입구까지 시체 운반용 엘리베이터를 설치하는 부지런함과 효율성의 정체는 과연 무엇이냐는 것이다.

"당신은 절대 방관자가 되어서는 안 된다"

매일매일 가스실에서 사람들을 죽이고 불태우고, 여성 포로들의 머리카락을 산더미처럼 모아 직물을 짜고, 인간 시체의 재가루를 모아 비료를 만들어 나누어주면서도, 마음 한구석 어디에선가 의심 따위가 일어나지 않았다는 말인가? 아우슈비츠 생존자인 프리모 레비도 그 답을 찾고자 했다. 그는 사람들에게 질문을 던졌고, 이렇게 결론 내렸다. "답변들은 본질적으로 모두 똑같은 내용을 말한다. 즉, 명령을 받았기 때문에 그렇게 했다. 다른 사람들은 나보다 더 나쁜 일을 저질렀다. 내가 받아온 교육과 살아온 환경을 감안했을 때 나는 다르게 행동할 수 없었다. 내가 하지 않았다면 나 대신 다른 사람이 더욱 엄하게 했을 것이다."(프리모 레비, 《가라앉은 자와 구조된 자》) 사실 낯설지 않은 변명이다.

더욱 궁금한 것은, 직접 학살 행위를 자행한 나치가 아니라 이를 방관하고 승인한 평범한 독일 시민들의 마음속이다. 어제까지 동네에서 인사하며 지나쳤던 유대인 이웃이 쥐나 바퀴벌레와 다름없는 존재라는 선동, 게르만 민족의 정착지를 확보하기 위해서는 이들을 내쫓아야 하고, 아리아인의 순수한 혈통을 보존하기 위해서는 유대인·동성애자·집시·장애인 같은 '비(非)-인간'을 절멸시켜야 한다는 선전에 어떻게 괴테와 실러의 후예들이 그렇게 손쉽게 빠져들 수 있었는지 여전히 이해할 수 없다.

　많은 독일인이 '몰랐다'고 이야기했다. "각자가 마땅히 받아야 할 것을 알라(Jedem das Seine)"라는 문장이 새겨진 철문과 높은 담장에 둘러싸인 부헨발트 수용소의 언덕에 올라서면 밤나무 숲 너머로 아랫마을이 내려다보인다. 당장 내일을 기약할 수 없는 이곳에서 그 마을을 내려다보았을 이들의 마음을 생각하면 눈앞이 아득해진다. 하지만 연합군이 이곳까지 진격했을 때, 마을 주민들은 수용소가 있는지조차 몰랐다고 증언했다. 어쩌면 그것은 사실일지도 모른다. "정보를 얻을 수 있는 가능성이 다양하게 존재했음에도 불구하고, 대부분의 독일인들은 알고 싶지 않았기 때문에 알지 못했다. 아니, 더 정확히 말해 모른 척하고 싶었기 때문에 알지 못했다."(프리모 레비,《이것이 인간인가》)

　무지의 특권이다. 그래서 전쟁이 끝나고 기나긴 송환 길에 오른 유대인 포로들을 길에서 마주쳤을 때, 독일인들은 어떤 개인적 사과도 민망함도 내보일 수 없었다. 프리모 레비는 "그들 각자가 우리에게 당연히 질문을 할 것이라고, 우리가 누구인지 우리 얼굴에서 읽을 것이라고, 겸손하게 우리의 이야기를 경청할 것이라고" 기대했다. "그러나 아무도 우리의 눈을 쳐다보지 않았고 아무도 대면해서 이야기하려 하지 않았다. 그들은 귀머거리, 벙어리에 장님이었다. 의도적인 무지의 요새 속에 있는

유럽 전역에 흩어져 있는 사람들을 기차에 태워 이 멀리까지 이동시키고, 조금이라도 빠른 업무 처리를 위해 철로를 수용소 앞마당까지 연결하고, 그 많은 포로들을 특성에 따라 세세히 분류하여 라벨을 붙이고, 많은 사람을 한꺼번에 빠르게 죽이기 위해 별도로 가스실을 건설하고, 시체를 옮기는 수레에 잔여물이 남지 않도록 수레 내부를 코팅하고, 가스실에서 소각로 입구까지 시체 운반용 엘리베이터를 설치하는 부지런함과 효율성의 정체는 과연 무엇인가.

ⓒ 김명희

양 자신들의 폐허 속에 피신해 방어하고 있었다. 그들은 아직도 강하고, 아직도 증오와 멸시를 할 수 있는, 오만과 죄의 그 오래된 매듭에 묶인 포로들이었다."(프리모 레비, 《휴전》)

아이러니한 것은, 유대인이라는 이유로 고향에서 쫓겨나고 홀로코스트의 끔찍한 역사를 경험했던 이들의 일부가 '정착지 확보'라는 낯익은 명분을 내세우며 팔레스타인 반도에 수천 년 거주해온 주민들을 내쫓고, 그곳에 거대한 장벽을 쌓아 세상에서 가장 큰 감옥을 만들었다는 사실이다. 이들은 하마스의 공격을 빌미 삼아 압도적인 무장력으로 팔레스타인에서 학살을 벌이는 중이다. 일부 정치인들은 '쥐와 바퀴벌레'라는 낯익은 표현을 써가며 팔레스타인 주민들을 '비인간'으로 취급하고 있다.

고통의 역사조차 성찰의 힘을 저절로 만들어주지는 않는 것 같다. 불의에 눈감아버리는 무지의 특권과 방관은 나치 치하의 독일에서만 존재했던 것이 아니다. 지금도 세계 곳곳에서 제노사이드, 국가 폭력, 혐오범죄를 떠받치는 동력이 되고 있다.

하지만 우리 인간들은 트랄파마도어의 항의 집회에서 울먹이던 질소에게 위로해줄 말이 남아 있다. 학살자와 방관자만이 아니라, 성공할 것이라는 희망이 보이지 않는 곳에서 불의에 저항하고, 가장 위험하고 비참한 순간에도 인류애를 보여주고, 아무도 보지 않는 곳에서 스스로의 양심을 지키기 위해 꼿꼿이 버틴 사람들 몸속에도 질소가 들어 있었다고 말이다. 나치 치하 독일에서, 히틀러-나치에게 경례를 붙이고 싶지 않았던 한 과학자는 집 밖을 나설 때면 항상 양손에 무언가를 들었다는 이야기를 읽은 적이 있다.

경례를 하는 사람들도 모두 진심으로 파시스트는 아니었을 것이고, 그깟 손짓에 큰 의미를 부여하지 않으며 마음속으로 열렬하게 나치를 미워했을 수도 있다. 하지만 그의 양심은 이를 용납할 수 없었기에 이 소심한 저항을 수년 동안 이어갔다. 거대한 폭력과 불의 앞에서 모두가 투사가 될 수는 없다. 그러나 최소한 나의 행동 혹은 행동하지 않음이 어떤 의미를 갖는지 스스로 성찰할 수는 있다. 이조차 포기했을 때 어떤 일들이 벌어질 수 있는지 역사가 말해준다.

아우슈비츠-비르케나우 박물관에는 홀로코스트 생존자들의 메시지를 담은 자석을 판매한다. 로만 켄트라는 생존자의 말이 눈에 밟힌다. 성서의 십계명에 하나를 더한 것이다.

"제 11계명: 절대로 방관자가 되어서는 안 된다(Eleventh Commandment: You should never ever be a bystander)."

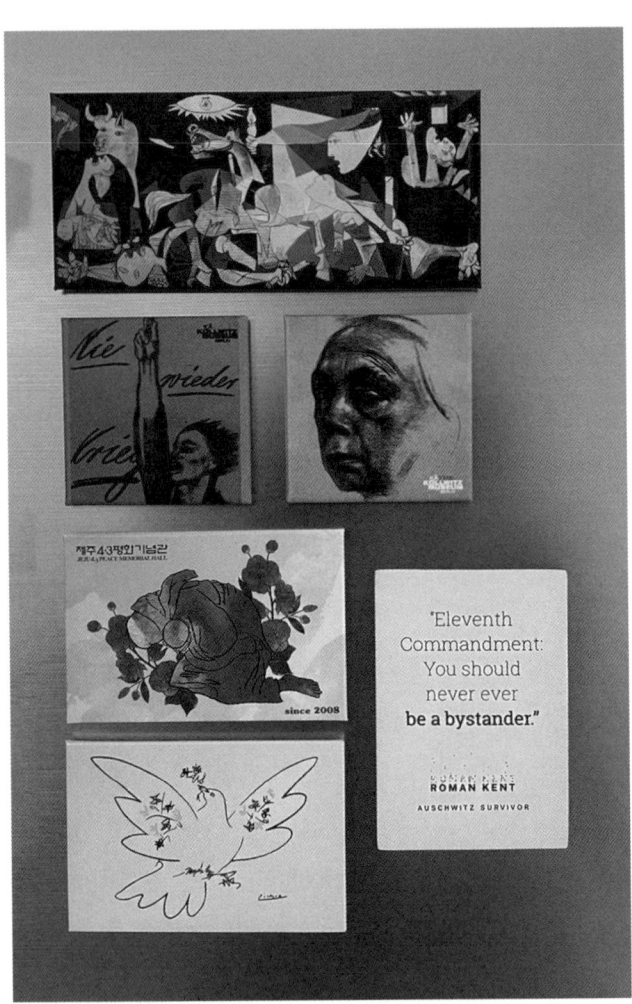

홀로코스트 생존자의 말을 새긴 자석을 냉장고에 붙여놓았다. 함께 있는 자석들은 위에서부터 피카소의 '게르니카'(게르니카 평화박물관), 케테 콜비츠의 '전쟁에 반대한다'와 '자화상'(베를린 케테 콜비츠 박물관), '비설(飛雪)'(제주4·3평화기념관), 피카소의 '평화의 비둘기'(게르니카 평화박물관). ⓒ김명희

아우슈비츠에서 저는 이상한 현상을 종종 목격했습니다. 사람들에게 '일을 훌륭하게 완수해야 한다'는 생각이 너무나 뿌리 깊게 박혀 있어 비굴한 일을 강요받았을 때조차도 그 일을 완벽하게 하려고 애를 쓴다는 겁니다. 여섯 달 동안이나 제게 몰래 음식을 가져다줘서 제 목숨을 구해준 이탈리아 벽돌공은 독일인들과 그들의 음식, 그들의 언어, 그들이 일으킨 전쟁을 증오했습니다. 하지만 독일인들이 그에게 벽을 쌓게 했을 때 그는 곧고도 단단한 벽을 쌓았습니다. 명령에 복종하기 위해서가 아니라 직업적인 자존심 때문이었습니다.

— 프리모 레비, 《주기율표》 346쪽

주

아이오딘

1. Fauci AS. 2001. "Infectious diseases: considerations for the 21st century" *Clinical Infectious Diseases* 32(5): 675-685

산소

1. TRILOGY OF LIFE – Walking with Monsters & Prehistoric Park – "Arthropleura" (https://www.youtube.com/watch?v=iD-bNuok5tg)
2. Hamvas A, Wise PH, Yang RK, et al. 1996. "The Influence of the Wider Use of Surfactant Therapy on Neonatal Mortality among Blacks and Whites" *The New England Journal of Medicine* 334(25): 1635-1640
3. Gortmaker SL, Wise PH. 1997. "The First Injustice: Socioeconomic Disparities, Health Services Technology, and Infant Mortality" *Annual Review of Public Health* 23: 147-170
4. Rowley DL, Hogan V. 2012. "Disparities in Infant Mortality and Effective, Equitable Care: Are Infants Suffering from Benign Neglect?" *Annual Review of Public Health* 33: 75-87
5. Institute of Medicine, *Unequal Treatment: Confronting Racial and Ethnic Disparities in Health Care*, National Academies Press, 2003
6. 동아사이언스, 2018/01/05, 〈오존층, 최근 회복 빨라진 이유는?〉

수은

1. 고 문송면 산업재해 노동자 장례위원회, 〈산업재해 피해자 문송면 사건 관련 기록〉, 한국사회과학자료원, 1989

황

1. Kim I, Kim M-H, Lim S. 2015. "Reproductive Hazards Still Persist in the Microelectronics Industry: Increased Risk of Spontaneous Abortion and Menstrual Aberration among Female Workers in the Microelectronics Industry in South Korea" *PLoS ONE* 10(5): e0123679
2. Pastides H, Calabrese EJ, Hosmer Jr DW, Harris Jr DR Jr. 1988. "Spontaneous abortion and general illness symptoms among semiconductor manufacturers" *Journal of Occupational Medicine* 30: 543-551
3. Bloomberg, 2017/06/15, 〈American Chipmakers Had a Toxic Problem. Then They Outsourced It〉

나트륨

1. 한겨레, 2023/11/18, 〈'강제 노동' 천일염이 대기업 거쳐… 소금은 밥상에 이렇게 온다〉
2. 시민건강연구소, 건강세상네트워크, 〈인권 중심의 위기 대응: 시민, 2015 메르스 유행을 말하다〉 PHI 연구보고서, 2016.01

납

1. Patterson C. 1956. "Age of meteorites and the earth" *Geochimica et Cosmochimica Acta* 10(4): 230-237
2. Tatsumoto M, Patterson C. 1963. "Concentrations of Common Lead in Some Atlantic and Mediterranean Waters and in Snow" *Nature* 199: 350-352
3. Needleman H, Gunnoe C, Leviton A, et al. 1979. "Deficits in Psychologic and Classroom Performance of Children with Elevated Dentine Lead Levels" *The New England Journal of Medicine* 300: 689-695

4. Tsai PL, Hatfield TH. 2011. "Global Benefits From the Phaseout of Leaded Fuel" *Journal of Environmental Health* 74(5): 8-15
5. McFarland MJ, Hauer ME, Reuben A. 2022. "Half of US population exposed to adverse lead levels in early childhood" *Proceedings of the National Academy of Sciences of the United States of America* 119(11): e2118631119
6. Hanna-Attisha N, LaChance J, Sadler RC, et al. 2016. "Elevated Blood Lead Levels in Children Associated With the Flint Drinking Water Crisis: A Spatial Analysis of Risk and Public Health Response" *American Journal of Public Health* 106(2): 283-290

아르곤

1. Berkman LF, Syme SL. 1979. "Social networks, host resistance, and mortality: A nine-year follow-up study of Alameda County residents" *American Journal of Epidemiology* 109(2): 186-204
2. 김성아, 보건복지포럼, 〈고립의 사회적 비용과 사회정책에의 함의〉, 2022.03

은

1. Eric D. Carter, *In Pursuit of Health Equity: A History of Latin American Social Medicine*, The University of North Carolina Press, 2023

탄소

1. 자세한 사건 경과는 노동건강연대가 펴낸 백서 참조. http://laborhealth.or.kr/33412/
2. 미디어오늘, 2016/12/15, 〈'불법 파견' 신고하면 뭐 하나, 노동부 무더기 무혐의 처분〉

셀레늄

1. New Scientist & AFP, 2007/03/08, 〈South Korea creates ethical code for righteous robots〉

리튬

1. BBC, 2023/08/27, 〈The indigenous groups fighting against the quest for 'white gold'〉
2. BBC, 2023/10/08, 〈Nevada lithium mine leads to 'green colonialism' accusations〉
3. WHO, 2021/06/15, "Children and digital dumpsites: e-waste exposure and child health"
4. 연합뉴스, 2024/05/23, 〈'5명 화상' 전주리사이클링 폭발 사고… 메탄가스가 원인〉
5. 매일노동뉴스, 2023/05/30, 〈열악한 노동환경, 업사이클링도 막는다〉

알루미늄

1. Modrek S, Cullen MR. 2013. "Health consequences of the 'Great Recession' on the employed: Evidence from an industrial cohort in aluminum manufacturing". *Social Science & Medicine* 92: 105-113
2. Elser H, Ben-Michael E, Rehkopf D, et al. 2019. "Layoffs and the mental health and safety of remaining workers: a difference-in-differences analysis of the US aluminium industry" *Journal of Epidemiology and Community Health* 73:1094-1100
3. Case A, Deaton A. 2015. "Rising morbidity and mortality in midlife among white non-Hispanic Americans in the 21st century" *Proceedings of the National Academy of Sciences of the United States of America* 112(49): 15078-15083

수소

1. The Conversation, 2024/02/15, 〈Acid attacks are a form of violence against women - the law needs to treat them as such〉
2. ActionAid UK 공식 웹사이트, 〈Acid Attacks〉 https://www.actionaid.org.uk/our-work/vawg/acid-attacks
3. Kaur N, Kumar A. 2020. "Vitriolage(vitriolism)-a medico-

socio-legal review" *Forensic Science, Medicine and Pathology* 16(3): 481-488

4. 국민일보, 2024/01/27, 〈실명할 뻔했는데 "정신질환 참작"… 염산테러 절반이 집유〉
5. The Conversation, 2017/08/14, 〈Acid attacks are on the rise and toxic masculinity is the cause〉
6. The Guardian, 2024/07/23, 〈Violence against women a 'national emergency' in England and Wales, police say〉
7. GOV.UK, 2022/07/27, "Guidance on commissioning services to support victims and survivors of Violence Against Women and Girls"
8. The Guardian, 2024/12/31, 〈Killed women count 80 women allegedly killed by men in UK in 2024〉
9. SBS News, 2018/11/23, 〈Counting Dead Women: The project keeping toll of Australia's hidden 'epidemic'〉
10. CNN, 2024/05/29, 〈Australian state appoints official for 'Men's Behavior Change' as outcry over violence against women grows〉
11. FLAT(경향신문), 2023/10/04, 〈통계도 기준도 없는 '여성혐오 범죄'…"국제표준 도입이 예방 첫걸음"〉
12. 여성신문, 2025/03/07, 〈16시간마다 1명의 여성 살해 혹은 살해 위험…공식 통계도 부재〉

비소

1. 시사IN, 2024/04/15, 〈제련소 폐쇄를 이들이 주장하는 이유〉

인

1. Poole DN, Andersen D, Raymond NA, et al. 2024. "Damage to medical complexes in the Israel-Hamas war: a geospatial analysis" *BMJ Global Health*. 9(2): e014768
2. Kunichoff D, Mills D, Asi Y, et al. 2024. "Are hospitals collateral damage? Assessing geospatial proximity of 2000 lb bomb detonations to hospital facilities in the Gaza Strip from

October 7 to November 17, 2023" *PLOS Global Public Health* 4(10): e0003178
3. OCHA, 2024/10/07, "One year of unimaginable suffering since the 7 October attack"
4. Arawi T. 2024. "War on healthcare services in Gaza" *Indian Journal of Medical Ethics* 9(2) NS:130–135.

이 책에 사용된 사진은 대부분 저작권자의 동의를 얻었으나,
저작권자를 찾지 못한 도판은 확인되는 대로 통상의 사용료를 지불하겠습니다.

주기율표 아이러니
18개 원소로 써 내려간 차별과 연대의 화학식

2025년 11월 25일 처음 찍음

지은이　김명희
펴낸곳　도서출판 낮은산
펴낸이　정광호
편집　강설애
제작　세걸음
출판 등록　2000년 7월 19일 제10-2015호
주소　10881 경기도 파주시 회동길 216 202호
전화　02-335-7365(7362) I 팩스 02-335-7380
홈페이지　www.littlemt.com
이메일　littlemt2001ch@gmail.com
인스타그램　@little_mt2001
제판·인쇄·제본　상지사P&B

ⓒ 김명희 2025

ISBN　979-11-5525-184-3　03300

- 잘못 만들어진 책은 바꾸어 드립니다.
- 책값은 뒤표지에 표시되어 있습니다.
- 이 책 내용의 일부 또는 전부를 재사용하려면 반드시 저작권자와 도서출판 낮은산 양측의 동의를 받아야 합니다.
- 이 도서는 2025년 문화체육관광부의 '중소출판사 도약부문 제작지원' 사업의 지원을 받아 제작되었습니다.